A BUSCA
DE DEUS E
QUESTIONAMENTOS
SOBRE O
SENTIDO

**Dados Internacionais de Catalogação na Publicação (CIP)
(Câmara Brasileira do Livro, SP, Brasil)**

Frankl, Viktor E., 1905-1997
  A busca de Deus e questionamentos sobre o sentido : um diálogo / Viktor E. Frankl, Pinchas Lapide ; tradução de Márcia Neumann. 2. ed. – Petrópolis, RJ: Vozes, 2014.

  Título original: Gottsuche und Sinnfrage : ein Gespräch

  7ª reimpressão, 2024.

  ISBN 978-85-326-4669-9

  1. Frankl, Viktor E., 1905-1997 2. Lapide, Pinchas, 1922-1997 3. Logoterapia 4. Significado (Psicologia) I. Lapide, Pinchas. II. Título.

13.09965   CDD-150

Índices para catálogo sistemático:
1. Psicologia   150

VIKTOR E. FRANKL
PINCHAS LAPIDE

A BUSCA DE DEUS E QUESTIONAMENTOS SOBRE O SENTIDO

Um diálogo

Tradução de Márcia Neumann

Petrópolis

© 2005, by Gütersloher Verlagshaus, Gütersloh,
do Grupo Editorial Random House GmbH, München.
4. ed. 2011.

Tradução do original em alemão intitulado
Gottsuche und Sinnfrage – Ein Gespräch

Direitos de publicação em língua portuguesa – Brasil:
2013, Editora Vozes Ltda.
Rua Frei Luís, 100
25689-900 Petrópolis, RJ
www.vozes.com.br
Brasil

Todos os direitos reservados. Nenhuma parte desta obra
poderá ser reproduzida ou transmitida por qualquer forma e/ou quaisquer
meios (eletrônico ou mecânico, incluindo fotocópia e gravação) ou arquivada
em qualquer sistema ou banco de dados sem permissão escrita da editora.

CONSELHO EDITORIAL

Diretor
Volney J. Berkenbrock

Editores
Aline dos Santos Carneiro
Edrian Josué Pasini
Marilac Loraine Oleniki
Welder Lancieri Marchini

Conselheiros
Elói Dionísio Piva
Francisco Morás
Gilberto Gonçalves Garcia
Ludovico Garmus
Teobaldo Heidemann

Secretário executivo
Leonardo A.R.T. dos Santos

Editoração: Fernando Sergio Olivetti da Rocha
Diagramação: Sheilandre Desenv. Gráfico
Imagem da capa: © Alf Lohmann | sxc.hu
Capa: WM design

ISBN 978-85-326-4669-9 (Brasil)
ISBN 978-3-579-05428-3 (Alemanha)

Este livro foi composto e impresso pela Editora Vozes Ltda.

Sumário

Introdução, 7

Viktor E. Frankl – Vida e obra, 9
Alexander Batthyany

Pinchas Lapide – Vida e obra, 25
Ruth Lapide

A busca de Deus e questionamentos sobre o sentido – Sobre este livro, 37
Logoterapia e religião, 41
Alexander Batthyany

A busca de Deus e questionamentos sobre o sentido, 53

Prefácio, 55

Diálogo, 57

INTRODUÇÃO

Viktor E. Frankl

Vida e obra

Viktor Emil Frankl nasceu em 26 de março de 1905, em Viena-Leopoldstadt, como segundo filho de Gabriel e Elsa Frankl, nascida Lion. O pai, Gabriel Frankl, veio ao mundo em 18 de março de 1861 na aldeia de Pohrlitz (Pohorelice), ao sul da Morávia. Ele foi estenógrafo do Parlamento na Primeira República durante mais de dez anos; assistente pessoal do Ministro Joseph Maria von Bärnheither por outros 25 anos e mais tarde encarregado da direção do Departamento Ministerial de Proteção à Criança e do Bem-estar Juvenil.

A mãe de Viktor E. Frankl, Elsa Frankl, nascida Lion, nasceu em Praga, em 8 de fevereiro de 1879, filha de Jakob e de Regina Lion. Sua árvore genealógica a aponta como descendente não apenas de Raschi (Salomo ben Isaak, 1040-1105), cuja interpretação da Bíblia e do Talmude foi denominada de Escrituras de Raschi, como também do famoso Marahal, o rabino Löw de Praga (Juda ben Bezalel Liwa, 1520-1609).

Durante seu período ginasiano, o jovem Viktor já havia entrado em contato com as ideias do cientista natural e filósofo Wilhelm Ostwald e do fundador da Psicologia Experimental, Gustav Theodor Fechner. Este último despertou seu interesse pela Psicologia. A partir de então o estudante exemplar logo começou a "trilhar seu próprio caminho" (FRANKL, 2002: 28) e a ouvir as preleções sobre Psicologia Geral e Experimental na Universidade Pública. Durante esses anos de busca de informação intelectual também ocorreu o primeiro encontro com a Psicanálise de Sigmund Freud, que o jovem Frankl conheceu e pôde aprofundar através das palestras realizadas, entre outros, pelos importantes psicanalistas Paul Schilder e Eduard Hitchmann. Então, já durante a época ginasiana, Frankl mantinha uma correspondência regular com Freud. Em 1922, mal completara 17 anos, Frankl enviou a Sigmund Freud um manuscrito sobre a origem e a interpretação das mímicas de consentimento e de negação. Esta composição foi publicada dois anos mais tarde, em cumprimento a um desejo expresso de Freud, na *Revista Internacional de Psicanálise* (FRANKL, 1924).

No entanto, logo depois Frankl começou a se afastar da Psicanálise de Sigmund Freud e a voltar-se cada vez mais para a Psicologia Individual de Alfred Adlers. Em 1925 Frankl publicou na *Revista Internacional de Psicologia Individual* o artigo "Psicoterapia e visão do mundo" (FRANKL, 1925). Com ele Frankl procurou esclarecer o limite entre a Psicoterapia e a Filosofia e principalmente as questões fundamentais da problemática do sentido e dos valores da Psicoterapia. Neste período Frankl publicou sua própria revista de Psicologia Individual (*O Homem no Cotidiano*); também neste tipo de atividade já podem ser vistos os motivos condutores de sua obra: é assim que Frankl publica um artigo com o título "Sobre o sentido do cotidiano", que de longe já lembra os posteriores trabalhos logoterapêuticos explícitos de Frankl (FRANKL, 1927).

No ano de 1926, enquanto Frankl continuava respectivamente a publicar e a apresentar inúmeras palestras em seu país e também no exterior, ele foi convidado para apresentar a conferência de abertura no Congresso Internacional de Psicologia Individual, em Dusseldorf.

Durante esta série de palestras Frankl emprega pela primeira vez no meio acadêmico o conceito da "Logoterapia" como uma psicoterapia, que trata adicionalmente do esclarecimento e da cura dos conflitos psicológicos e das pressões da dimensão mental do homem. A denominação e a definição complementares da "Análise existencial", aquela pesquisa antropológica e linha de pensamento, que fundamenta filosoficamente e aprofunda a Logoterapia em sua função de aconselhamento psicológico, só foram postuladas por Frankl sete anos mais tarde, em 1933, em outra conferência.

Os desenvolvimentos ulteriores da Psicoterapia conduziram a um crescente distanciamento entre Adler e Frankl. Ainda em 1927, apenas poucos meses após os professores e mentores de Frankl – Rudolf Allers e Oswald Schwarz terem anunciado sua saída da Sociedade de Psicologia Individual, Adlers exigiu pessoalmente a exclusão de Frankl desta mesma sociedade por causa de suas opiniões não ortodoxas.

Após seu desligamento da Sociedade de Psicologia Individual sucederam-se anos de muita atividade nos quais Frankl continuou a publicar amplamente. Ao mesmo tempo também acumulou experiências essenciais nas práticas psiquiátricas e psicoterápicas para o desenvolvimento da

Logoterapia que se encontrava em sua fase inicial. Já em 1926, estimulado pelo modelo dos Centros de Aconselhamento para Suicidas de Wilhelm Börner, em Viena, e de Hugo Sauer, em Berlim, Frankl chamou atenção em inúmeras publicações para a necessidade de Centros de Aconselhamento para Jovens (por ex. FRANKL, 1926a, 1926b). Junto com amigos e colegas do círculo de Adler – entre eles August Aichhorn, Wewin Wexberg, Rudolf Dreikurs e Charlote Bühler – ele mesmo fundou os centros de aconselhamento para jovens, que reivindicava. A partir de 1928 Frankl organizou primeiro em Viena, então segundo o modelo do Grupo de Viena em outras seis cidades, Centros de Aconselhamento para Jovens, nos quais os jovens em dificuldades psicológicas eram tratados gratuitamente. Os aconselhamentos eram feitos na moradia ou nos consultórios dos voluntários – assim como na casa dos pais de Frankl no número 6 da Czerningasse, que era apontado como endereço de contato em todas as publicações e folhetos dos Centros de Aconselhamento para Jovens. Ao observar o aumento considerável dos suicídios de estudantes em relação à entrega anual dos boletins escolares, Frankl organizou a partir do ano de 1930 campanhas especiais para aconselhamento estudantil com atenção especial para o final do ano escolar. Já em seu primeiro ano foi possível através desta campanha especial diminuir significativamente a taxa de mortes entre os estudantes; no ano seguinte o sucesso foi ainda maior: em Viena, pela primeira vez desde muitos anos, não ocorreu um único suicídio durante o período de entrega dos boletins (FRANKL, 1931).

12

Até 1930 o nome de Frankl ainda aparece nos cartazes e nos folhetos dos Centros de Aconselhamento de Jovens sem título acadêmico; a partir de então se encontra pela primeira vez a abreviatura Dr. antes de seu nome. Em 1930, ao lado de sua atividade no Centro de Aconselhamento de Jovens, de suas inúmeras publicações e de suas prolongadas viagens de palestras, Frankl conseguiu concluir com sucesso seu estudo de Medicina e ingressa então, a partir de 1930, em sua formação como especialista em Neurologia e Psiquiatria primeiro na Clínica Universitária Psiquiátrica, sob a orientação de Otto Pötzl, e então, a partir de 1931, de Josef Gerstmann no Sanatório Marien-Theresien-Schlössl, e de 1933 até 1937 na clínica psiquiátrica em Steinhof. Na clínica em Steinhof Frankl dirigiu o chamado Pavilhão das Suicidas, no qual assistia aproximadamente três mil pacientes por ano. Ao lado de sua atividade médica em Steinhof, Frankl continuou com sua pesquisa científica. Entre outras ele descreveu a teoria do que ele chamou de "Fenômeno de enrugamento" nas psicoses esquizofrênicas floridas (FRANKL, 1935) e chamou a atenção para a necessidade do "apoio medicamentoso da psicoterapia" (FRANKL, 1939) como medida de acompanhamento da terapia principalmente nos casos graves de neuroses e psicoses.

Enquanto até aqui, com a publicação de *O Homem no Cotidiano* e com a atividade de aconselhamento de estudantes, Frankl se dedicou predominantemente à profilaxia das crises e à saúde psíquica, sua teoria em formação se expande no sentido do emprego na área da Psiquiatria. Durante sua atividade no Pavilhão das Suicidas em Steinhof,

13

Frankl se defrontou com o sofrimento profundo – mas ele também viu os recursos psicológicos, com a ajuda daquelas pessoas que, mesmo diante do sofrimento, da culpa e da morte, podem lutar pelas possibilidades reais de uma existência plena de sentido. Frankl diria mais tarde que naquele tempo as pacientes se tornaram seu professor; segundo sua própria informação, ele procura "esquecer, aquilo que (ele) aprendera de Psicanálise e de Psicologia Individual" (FRANKL, 2002: 52). No lugar de seus professores e mentores acadêmicos surgia agora a dedicação às próprias pacientes, e com isto a questão do que poderia contribuir para sua cura e recuperação. Em 1938 Frankl também publicou seu artigo "Sobre a problemática intelectual da Psicoterapia", trata-se aqui da primeira publicação original de Frankl sobre a Logoterapia e a Análise Existencial (FRANKL, 1938). Nesta produção literária Frankl molda pela primeira vez o conceito de "psicologia superficial" como alternativa ou como complemento à psicologia profunda de Sigmund Freud e Alfred Adler. Como uma psicologia, que não se limita a adentrar os profundos conflitos psíquicos interiores, mas que também se volta para os desejos psíquicos e transmórbidos do paciente e os admite em toda sua autenticidade.

Após a invasão nacional-socialista na Áustria, no ano de 1938 Frankl pôde trabalhar limitadamente como médico. Apenas alguns meses depois, Frankl teve de fechar um consultório particular, que abrira recentemente. Na Viena nacional-socialista os médicos judeus eram proibidos de aceitar pacientes não judeus. Agora eles eram chamados de "tratadores de judeus" e autorizados a se dedicar apenas aos pacientes judeus. Em 1940 foi oferecida a Frankl a direção da Enfermaria de Neurologia do hospital da comunidade cultural israelita (Rotchildspital) – uma posição que ele aceitou agradecido, principalmente porque esta, por ora, lhe garantia e também aos seus familiares mais próximos a segurança contra a deportação. Frankl recusou um visto já emitido para a América, para proteger seus pais da ameaçadora deportação.

Além disto, no Hospital Rotschild, Frankl pôde prosseguir com sua atividade médica. Assim como antes, quando da campanha dos boletins escolares em 1930 e também durante sua atuação no Pavilhão das Suicidas na Clínica Steinhof, ele se dedicara conscientemente, como médico, a proteger e a salvar vidas, também aqui Frankl pôde seguir sua vocação. Primeiro sozinho, mais tarde com a ajuda do então diretor do departamento de neurologia da clínica da Universidade de Viena, Otto Pötzl, ele protegeu por meio de diagnósticos falsos – sob altos riscos pessoais – numerosos pacientes psiquiátricos judeus do programa de eutanásia de Hitler (NEUGEBAUER, 1997).

Sobre a Viena judia pesa a penúria, a falta de esperança e o medo. Diante destas condições de vida – e em parte também sob a sombra da deportação que se aproxima – muitos judeus vienenses cometeram suicídio; algumas vezes chegava a cem o número de vítimas de tentativas de suicídio trazidas diariamente somente ao Hospital Rotschild. Nos dias atuais é quase impossível imaginar a privação que imperava naquele tempo, e o quanto esta privação obrigava principalmente àqueles que, como Frankl, viam-se obrigados e ligados ao juramento hipocrático de manter a vida – ainda mais naquela época, na qual o valor e a dignidade da vida humana eram sistematicamente questionados pelos detentores do poder nacional-socialista. Frankl se sentia – não apenas diante do pano de fundo de sua atividade anterior no aconselhamento de suicidas e de jovens e no acompanhamento de milhares de pacientes no pavilhão feminino de suicidas em Steinhof – intimado a ajudar, a curar e a salvar, enquanto pudesse. Levado pelo convencimento de que tudo, que é terapeuticamente possível, também deve ser feito (FRANKL, 1942), Frankl desenvolveu uma técnica invasiva própria, com a ajuda da qual tentou salvar pacientes que haviam ingerido comprimidos para dormir (FRANKL, 1942).

Em 17 de dezembro de 1941 Viktor Frankl se casou com sua primeira esposa, Tilly Grosser, que trabalhava como enfermeira na enfermaria interna do Hospital Rotschild. Logo após o casamento de Tilly e Viktor Frankl a situação já então tensa dos judeus em Viena se acentuou ainda mais. O Hospital Rotschild foi fechado e com isto também se encerrou a proteção contra a deportação para os médicos, enfermeiras e seus familiares mais próximos. Frankl estava consciente de que "deveria estar preparado de que de um dia para o outro poderia ser deportado com seus pais" (FRANKL, 2002: 63).

Em setembro de 1941, poucos meses após Viktor Frankl ter deixado seu visto para a América perder a validade, Frankl, sua esposa Tilly, seus pais Gabriel e Elsa Frankl e Emma Grosser, a mãe de Tilly, tiveram de se dirigir juntamente com centenas de outros judeus vienenses ao "ponto de reunião" no ginásio situado em Sperlgasse.

Frankl, que acabara de completar trinta e cinco anos, teve de se despedir de quase tudo que lhe lembrava de sua vida até então. Pelo menos a cópia datilografada da principal obra da Logoterapia, *Ärztliche Seelsorge*, que acabara de escrever, Frankl pôde levar consigo. Ele costurou uma cópia do livro no forro de seu sobretudo. Frankl havia terminado de escrever o livro sob a pressão dos acontecimentos e antevendo a ameaçadora deportação. E, então, ele esperava que existisse pelo menos uma chance – mesmo que pequena – de preservar a quintessência da Logoterapia – mesmo que seu próprio destino fosse incerto. Mas esta esperança também não se concretizou. Frankl teve de deixar o livro para trás, em Auschwitz, em outubro de 1944.

Tudo o que a família até então havia vivido de limitações e repressões na Viena nacional-socialista se tornou, com a apresentação no ponto de reunião, apenas uma pequena amostra das coisas que ainda deveriam acontecer. Foi o início de uma viagem de três anos às fronteiras da capacidade humana, que conduziu Frankl através dos campos de concentração de Theresienstadt, Auschwitz, Kaufering e Türkheim.

Seus pais, seu irmão e sua esposa não sobreviveram ao campo de concentração.

Após sua libertação do campo de concentração em 27 de abril, Frankl retornou a Viena ainda em 1945. Logo após seu retorno Frankl começou a reescrever *Ärztliche Seelsorge*, escrito antes da deportação e perdido em Auschwitz. Na nova versão desse livro Frankl apresenta sistematicamente a Logoterapia e a Análise Existencial e cria com esta obra uma linha de psicoterapia independente – descrita

17

depois de Freud e Adler como Terceira Escola Vienense de Psicoterapia (SOUCEK, 1948) –, que situa o sentido da motivação, a liberdade, a dignidade e a responsabilidade do homem no ponto central de sua ação terapêutica (FRANKL, 1946a).

Pouco tempo depois da conclusão de *Ärztliche Seelsorge* Frankl escreveu em apenas alguns dias seu relatório biográfico sobre as experiências no campo de concentração (FRANKL, 1946b). Desse livro – que tem o título pragmático de *...apesar de tudo diga sim à vida. Um psicólogo sobrevive ao campo de concentração* – foram publicados até hoje um total de 10 milhões de exemplares, em mais de 150 edições. A Library of Congress, em Washington, o escolheu como um dos livros mais influentes na América.

Em fevereiro de 1946 Frankl foi nomeado diretor do Departamento de Neurologia da Policlínica de Viena. Ele manteve este cargo durante 25 anos até sua aposentadoria. Na policlínica Frankl também conheceu Eleonore Schwindt. Sobre ela o importante filósofo americano Jacob Needleman diria anos mais tarde em relação ao casamento e à atuação conjunta de Viktor e Eleonore Frankl. "Ela é o calor, que acompanha a luz." No ano de 1947 nasceu a filha Gabriela.

Em 1947 surgiram outros artigos e livros de Frankl, entre eles também *A psicoterapia na prática*. Assim como em *Ärztliche Seelsorge*, nessa obra se trata de apresentações detalhadas da Logoterapia e da Análise Existencial, e descreve principalmente a prática da Logoterapia aplicada por meio de linhas diretrizes diagnósticas e terapêuticas (FRANKL, 1947). Seguiram-se inúmeras publicações, nas quais Frankl aprofunda a teoria e a prática da Logoterapia e da Análise Existencial e torna as áreas de atuação de seu modelo de terapia acessíveis a uma grande comunidade. Frankl publicou um total de 30 livros durante sua vida. Esses livros foram traduzidos em 32 idiomas.

Se a Logoterapia com a publicação de *Ärztliche Seelsorge* encontrou primeiro um grande interesse nos países de idioma alemão, a partir dos anos de 1950 sua entrada na comunidade científica internacional se tornou cada vez maior. Frankl foi convidado para palestras, seminários e aulas em todo o mundo. Os Estados Unidos também lhe deram grande atenção. Seguem-se nomeações na Universidade de Harvard, em Boston e também em universidades em Dallas e Pittsburg. A Universidade Internacional dos Estados Unidos na Califórnia instituiu especialmente para Frankl um Instituto e uma Cátedra de Logoterapia. Em conjunto, mais de um total de 209 universidades espalhadas pelos cinco continentes convidaram Frankl para palestras e aulas como professor-convidado. Dentro do contexto da forte expansão da obra científica de Frankl no terreno universitário, a Logoterapia também se desenvolveu cada vez mais na direção da pesquisa metodológica. Foram conduzidos inúmeros estudos científicos que examinavam empiricamente os fundamentos, os conceitos e a eficiência clínica da Logoterapia. Até os dias atuais apenas nas revistas especializadas de Psicologia e Psiquiatria foram publicadas mais de 600 contribuições, que corroboram o modelo psicológico de Frankl e sua aplicação terapêutica (BATTHYANY & GUTMANN, 2005). Além disto, existe também um grande número de outras publicações, que investigam a Logoterapia e seus fundamentos teóricos e suas numerosas áreas de aplicação (VESELY & FIZZOTTI, 2004).

Além de sua atuação científica Frankl também se volta especialmente para o público interessado em geral. Acima de tudo sua sensibilidade e compreensão para os problemas e as preocupações de sua época devem ter contribuído essencialmente para o sucesso e a propagação da Logoterapia e da Análise Existencial. A mensagem de Frankl – sua fé incondicional na dignidade da pessoa e no sentido mesmo de uma existência, mesmo que esta tenha se tornado muito frágil, e seu apelo à liberdade e à responsabilidade do indivíduo, para em qualquer situação, e mesmo que esta ainda seja aparentemente desprovida de sentido, realizar o melhor possível – tudo isto falou e fala do ser humano e tem um efeito ainda mais verossímil, quando o próprio Frankl não anunciou esta mensagem apenas dentro do contexto de um modelo de psicologia elaborado detalhadamente que pode ser utilizado clinicamente, mas que aparentemente também foi vivido pessoalmente. O eco da obra de Frankl alcançou grandes distâncias. Universidades de todo mundo lhe concederam 29 títulos de Doutor *Honoris Causa*; numerosos prêmios lhe foram concedidos, entre eles a grande medalha de ouro com a estrela da República da Áustria e a Grã-cruz da Ordem do Mérito da República da Alemanha. A Associação Psiquiátrica Americana concedeu-lhe – como o primeiro psiquiatra não americano – o Prêmio Oskar Pfister, e a Academia de Ciência Austríaca o escolheu como seu membro honorário.

A última aula ministrada por Frankl aos 91 anos de idade, em 21 de outubro de 1996, foi na Universidade de Viena. Em julho desse mesmo ano Frankl e sua esposa, Dra. Eleonore Frankl, comemoraram Bodas de Ouro.

Em 2 de setembro de 1997 Frankl faleceu com 92 anos, em Viena, de falência cardíaca.

A herança de Frankl moldou gerações de psiquiatras, psicólogos clínicos e psicoterapeutas. Hoje ele ainda continua a atuar pelas mãos de seus alunos e colegas. No mundo inteiro, nos cinco continentes, não só existem institutos universitários como também institutos particulares de pesquisa e de formação, que se dedicam ao uso e à propagação e ainda ao desenvolvimento científico das áreas de utilização da Logoterapia. Uma lista de endereços internacionais das associações e institutos, que trabalham com a linha de pensamento de Frankl e que também oferecem formações em psicoterapia e aconselhamento, pode ser consultada na página da internet do Instituto Viktor Frankl, em Viena (www.viktorfrankl.org). Nessa página se encontram ainda informações gerais e comunicados atuais a respeito da pesquisa e da prática logoterapêutica, além de uma abrangente bibliografia da literatura primária e secundária sobre a Logoterapia.

Viena, outono de 2004.
Dr. Alexander Batthyany
Instituto Viktor Frankl – Viena

Referências

BATTHYANY, A. & GUTTMANN, D. (2005). *Research in Logotherapy and Meaning-Oriented Psychotherapy.* Phoenix, AZ: Zeig, Tucker & Theisen.

FRANKL, V.E. (2002). *Was nicht in meinen Bücher steht* – Lebenserinnerungen. Weinheim: Beltz.

_____ (1994). *Ärztliche Seelsorge* – Grundlage der Logotherapie und Existenzanayse. Frankfurt/Main: Fischer.

_____ (1947). *Die Psychoterapie in der Praxis* – Eine kasuistische Einführung für Ärzte. Viena: Deutike.

_____ (1946a). *Ärztliche Seelsorge* – Grundlage der Logotherapie und Existenzanayse. Viena: Deutike.

_____ (1946b). *Ein Psychologe erlebt das Konzentrationslager.* Viena: Verlag für Jugend und Volk.

_____ (1942). "Pervitin intrazisternal". *Ars Medici,* 32 (1), p. 58-60 [Suíça]*.

_____ (1939). "Zur medikamentösen Unterstützung der Psychoterapie bei Neurosen". *Schweizer Archiv für Neurologie und Psychiatrie,* XLIII, p. 26-31*.

_____ (1938). "Zur geistigen Problematik der Psychoterapie". *Zentralblatt für Psychoterapie,* 10, p. 33-75*.

_____ (1935). "Ein häufiges Phänomen bei Schizophrenie". Zeitschrift für Neurologie und Psychiatrie, 152, p. 131-162*.

_____ (1931). "Die Schulschlussaktion der Jugendberatung". *Arbeiterzeitung,* 05/07*.

---

* Os artigos assinalados foram publicados em FRANKL, V.E. (2004). *Frühe Schriften.* Viena: Maudrich [Editados e comentados por Gabriele Vesely-Frankl].

_____ (1927). "Vom Sinn des Alltags". *Der Mensch im Alltag*, III*.

_____ (1926a). "Schafft Jugendberatunsstellen!" *Die Mutte*, 31/08*.

_____ (1926b). "Gründet Jugendberatungsstellen!" *Der Abend*, 31/08*.

_____ (1925). "Psychoterapie und Weltanschauung – Zur grundsätzlichen Kritik ihrer Beziehungen". *Internationale Zeitschrift für Individualpsychologie*, 3, p. 250-252*.

_____ (1924). "Zur mimischen Bejahung und Verneinung". *Internationale Zeitschrift für Psychoanalyse*, 10, p. 437-438*.

FRANKL, V.E. & KREUZER, F. (1982). *Im Anfang war der Sinn* – Von der Psychoanalyse zur Logotherapie. Viena: Deutike.

FREUD, S. (1964-1968). *Gesammelte Werke.* Vol. IX. Frankfurt/Main: Fischer.

GROM, B. (1994). *Religionspsychologie*. Göttingen: Vandenhoeck & Ruprecht.

NEUGEBAUER, W. (1997). "Wiener Psychiatrie und NS-Verbrechen". *Die Wiener Psychiatrie im 20. Jahrhundert.* Viena: Tagungsbericht, Institut für Wissenschaft und Kunst, 20-21/06.

SOUCEK, W. (1948). "Die Existenzanalyse Frankls, die dritte Richtung der Wiener Psychtherapeutischen Schule". *Deutsche Medizinische Wochenschrift*, 73, p. 594.

TILLICH, P. (1962). *Die verlorene Dimension* – Not und Hoffnung unserer Zeit. Hamburgo: Furche.

VESELY, F. & FIZZOTTI, E. (2004). *Internationale Bibliographie der Logotherapie und Existenzanalyse*. Viena: Centro Internacional de Documentação sobre Logoterapia e Análise Existencial [Disponível em viktorfrankl.org].

Pinchas Lapide

Vida e obra

Em uma retrospectiva sobre a vida de Pinchas Lapide, parece que todo o seu caminho foi conduzido por duas experiências que ocorreram cedo e que teriam precisado de uma vida para se desenvolver totalmente.

Pinchas Lapide nasceu em Viena, em 28 de novembro de 1922. O único filho de negociantes judeus cresceu em uma cidade que, mesmo depois da queda da monarquia austríaca e em meio à variedade cultural e à vida intelectual na Europa do século XX, ainda procurava seus semelhantes. Mas também em uma cidade marcada por conflitos étnicos e rudes antagonismos sociais. Já naquela época Viena era o centro de um antissemitismo militante e, apenas uma década antes do nascimento de Lapide, Adolf Hitler expandiu nessa cidade seu ódio contra os judeus. A primeira experiência marcante que o jovem Pinchas vivenciou foi o conhecimento da Bíblia que lhe foi transmitido por seu avô. Mesmo que o jovem judeu viesse de uma família judia mais moderna do que tradicional, seu avô o aproximou das escrituras sagradas de seu povo.

Talvez tenha sido esta experiência primária sobre a força das palavras que Lapide mais tarde não abandonou mais. Como teólogo e cientista religioso ele se tornou não apenas um mestre da verbalização concisa e cativante. O interesse pela linguagem e pelos idiomas e o interesse por questões religiosas determinaram o caminho de sua formação. Um caminho incomum e segmentado. Em 1946 Lapide prestou prova de proficiência como intérprete de italiano, russo, francês, alemão e inglês na Universidade de Viena. De 1947 até 1951 ele estudou em Israel, sob a tutela de Martin Buber, judaísmo e a história do cristianismo primitivo. Este tempo de estudos foi interrompido pela participação de Lapide na primeira guerra árabe-israelense, em 1948. De 1956 a 1958 seguiu-se um estudo de Literatura na Universidade de Bocconi, em Milão. Em 1964 Lapide voltou a Israel para estudar cristianismo e Novo Testamento na Universidade Hebraica. No ano seguinte ele se tornou professor no American Institute for Bible Studies e paralelamente estudou Romanística, Politologia e História da Europa Medieval, para afinal em 1968 conquistar mais uma graduação universitária: ele obtém na Universidade Hebraica um diploma de Mestre em Romanística, Cristianismo Primitivo e História da Europa Medieval. Segue-se então um período de pesquisa na Alemanha, no Instituto Martin Buber de Judaísmo, em Colônia, que Pinchas Lapide concluiu com o pós-doutorado. Mais uma vez o tema desse trabalho está associado à religião e à linguagem: "O emprego do hebraico nas comunidades religiosas cristãs, com foco especial em Israel".

Qual o motivo para um caminho de formação tão longo como este? Por que Pinchas Lapide somente na metade de seus cinquenta anos conseguiu obter um diploma formal de conclusão? O que dá a impressão de que alguém tenha sido um pouco desleixado com a organização de seus estudos, tem de fato um pano de fundo nas experiências de vida de Lapide, e é principalmente a consequência do desenraizamento e da existência como refugiado na torrente do Holocausto. O jovem judeu perdeu sua terra natal em 1938. Após a "anexação" da Áustria, Lapide precisou assistir como seu pai foi obrigado a limpar a rua com uma escova de dente. Ele mesmo teve de deixar o Ginásio Sperl de Viena e foi confinado a um campo de concentração próximo à fronteira tcheca. Mais tarde ele diria: "Cristãos me trouxeram para o campo de concentração e cristãos me ajudaram na fuga". Ele conseguiu atravessar a Tchecoslováquia, chegar à Polônia e depois fugir para a Inglaterra. Lá, abrigado por um agricultor, ele permaneceu durante um ano. Mas em 1947 Lapide também deixou a Inglaterra. A bordo do último navio possível, ele alcança o outrora território inglês da Palestina. Também aqui ele primeiro trabalhou na economia agrária, de fato, na construção de um kibutz. Por causa do crescente risco para os judeus na Palestina, Lapide se alistou na Brigada Judaico-Inglesa sob o comando do General Montgomery. Ele luta na Itália. Depois da guerra ele se tornou – seus conhecimentos linguísticos fizeram isto possível – oficial de contato entre russos e norte-americanos em Viena. Em 1947 Pinchas Lapide retornou a Israel; aqui, após os estudos, ingressou no serviço diplomático do Ministério do Exterior Israelense e em 1955 tornou-se cônsul israelense e adido de imprensa em Milão. Em 1958, como primeiro secretário da embaixada e adido cultural de Israel, ele troca Milão pelo Rio de Janeiro, para em 1960 voltar a Israel. Lá, de 1962 a 1964, como coordenador do Comitê

Israelense Interministerial de Romeiros, ele prepara a visita do Papa Paulo VI a Israel. Depois de 1964 ele se torna diretor de publicações do escritório oficial de imprensa do primeiro-ministro e diretor substituto do escritório oficial de imprensa em Israel. Logo torna-se claro que Lapide não encontra nesta função a satisfação que ele procura. Já muito antes ele havia feito viagens, como encarregado do governo, para apresentação de palestras em universidades e igrejas dos Estados Unidos. Em 1969 ele tirou férias para um "ano sabático" e realizou pesquisas no Instituto Martin Buber, em Colônia. Por último seguiram-se a dissertação e, finalmente, a mudança para Frankfurt a convite de muitas universidades e igrejas.

A mudança para Frankfurt fecha o círculo? Lapide, que em sua juventude foi exilado, encontra então seu lar, depois de anos instáveis de aprendizado e trabalho sempre em outros países e sempre em novos ambientes? A tentação de responder afirmativamente a esta pergunta – de todo modo Lapide viverá e trabalhará, até sua morte em 23 de outubro de 1977, como escritor *free-lancer* em Frankfurt – é grande, mas se impõe muito pouco. Pois a gente precisa perceber quem emigra de que país para qual país e ter em vista o que isto significa. Pois foi o judeu Lapide que foi expulso pelos alemães de sua terra natal. E é o judeu Lapide que, vindo do novo e tão desejado país de todos os judeus, fixa residência em um país que carrega o peso da responsabilidade histórica por crimes monstruosos contra o povo judeu.

Mas o significado desta imigração não se esgota na motivação particular de dar este passo. Para isto, Lapide, como alguém que tem atuação pública, já é muito conhecido. Ele dá um passo, que é percebido talvez com espanto pelos alemães, com consternação e talvez com indignação por não poucos judeus. Aquele que em sua juventude foi caçado além das fronteiras e que acima dos cinquenta anos ainda continua sempre a partir para outros países não teme elogio nem crítica.

Onde existem fronteiras, existem diferenças. Onde existem fronteiras, existem limites. Mas apenas onde existem fronteiras é também possível existir proximidade e construir pontes de entendimento.

Este se torna o maior tema na vida de Pinchas Lapide. Em *Land der Täter* o judeu Lapide revela a possibilidade para a reconciliação. O ponto de referência das numerosas publicações que foram reunidas por nós é a religião e a política, em especial naturalmente a Bíblia. Ela é o campo no qual Lapide busca o diálogo.

Lapide retrata que os séculos de rejeição – hostilização dos judeus pelo cristianismo, o antissemitismo, que se encontra também na Bíblia cristã e principalmente nas interpretações tradicionais das igrejas – talvez tenham sido a principal razão para que o Holocausto fosse possível sem nenhuma resistência em uma nação moldada pelo cristianismo. Porque aqui os judeus não somente já haviam sido marginalizados como judeus há muito tempo, como também estavam sujeitos à violência social e administrativa. Auxílio e solidariedade os "assassinos de Cristo" – com poucas exceções – não podiam esperar. Dentro deste contexto associativo Lapide gosta de trazer à lembrança que os judeus já residiam neste país antes dos cristãos. Ele também se lembra de seu amor sem fronteiras pela Alemanha – como, por exemplo, comprova-se na Primeira Guerra Mundial, quando 100.000 homens judeus serviram às forças alemãs, dentre eles 30.000 como voluntários, e infelizmente também 12.000 mortos em combate.

Aqui se coloca o "senso da missão" do trabalho de Lapide. Ele se importa com a consciência dos motivos que levaram ao conflito entre a Igreja e a Sinagoga. Trata-se de entender aquilo que aconteceu desde então. E, por fim, para Pinchas Lapide também se trata de aspirar a reconciliação.

A abordagem para este empenho ele encontra ao ultrapassar mais uma vez uma fronteira, ao se dedicar a uma coletânea de textos que, para ele, o judeu, de um ponto de vista religioso, poderia ser indiferente. Lapide se volta para as Escrituras da Bíblia, para o Novo Testamento. E aqui, como não poderia deixar de ser para um literato, sua atenção se dedica principalmente à linguagem. Pinchas Lapide lembra aqui que o Novo Testamento assim como é lido pelos cristãos nos dias atuais foi originalmente escrito em um idioma totalmente diferente. Ele acentua: "Durante um milênio e meio as pessoas na Cristandade se contentaram com a Vulgata em latim – que nada mais é do que a tradução de uma tradução –, para então, passo a passo, avançar para o texto grego". Nos dias atuais se torna lentamente claro por que sem os idiomas hebraico e aramaico é impossível adquirir um verdadeiro conhecimento – não só da essência como do teor original dos evangelhos. Porque nem Jesus, nem sua comunidade apostólica original, nem seus primeiros tradutores pensavam em grego ou mesmo em latim. "Somente a 'hebraica *veritas*', que Jerônimo tão efusivamente enaltece, pode nos reconduzir às fontes"[1]. Este é o mérito incontestável de Pinchas Lapide ter realmente levado os cristãos à primeira conscientização de que o texto do Novo Testamento era um texto judeu em sua origem. O que, nas palavras de Franz Mussner, um conhecido cientista da Bíblia alemão, significa que as pessoas da igreja primária "pensavam, falavam, escreviam e oravam em categorias judaicas"[2].

Com a translação do Novo Testamento, sobretudo das formas linguísticas traduzidas oralmente primeiro em grego, depois em latim, não se transforma apenas a "vestimenta" linguística de uma mensagem. Não é verdade que um conteúdo possa existir independente de sua forma linguística. Pelo contrário, todo idioma traz consigo uma determinada estrutura do pensamento e da expressão, um tom inconfundível, que em outra língua não é fácil de reproduzir. Trata-se também muitas vezes de uma hostilização intencional cristã de seu solo materno, uma distorção abundante de textos na esteira da separação dos caminhos da Igreja e da Sinagoga. Assim, nas traduções ocorrem transformações, falta de clareza e, no pior dos casos, erros de compreensão. Estes se tornam ainda mais fortes quanto mais o idioma em que se traduz se introduz com suas categorias próprias nos conceitos assimilados. Assim, a questão de a Bíblia ter sido traduzida ou não corretamente se torna o foco do trabalho de Lapide, ao qual ele se de-

---

1. LAPIDE, P. *Ist die Bibel richtig übersetzt?* 8. ed. Gütersloh, 2003, 84s.
2. MUSSNER, F. *Traktat über die Juden*, citado segundo p. 85.

dicou não somente na forma de publicações, mas também em segmentos de rádio e eventos da academia, em convenções da Igreja e suplementos da imprensa. Com satisfação é possível constatar que desde então se sucederam algumas significativas retificações cristãs e que o trabalho de reconciliação tem dado frutos.

Aquele que indagar pela forma linguística original dos evangelhos, aquele que aqui procurar pelo original hebraico *Denkaroma* terá de fazer uma outra indagação: Nesta perspectiva como isto se relaciona de fato com Jesus de Nazaré? Lapide também fez a si mesmo esta pergunta, e é ele que redescobre para os cristãos o judeu que Jesus foi. Para não poucos cristãos esta ideia mesmo hoje ainda tem um efeito desconcertante, pois a tradição cristã – como não poderia deixar de ser – atribui muito naturalmente Jesus ao cristianismo. Com isto é ignorada a diferença entre o histórico Homem de Nazaré e o pronunciamento sobre Ele, que séculos mais tarde conduziu aos reconhecimentos da crença da Igreja. Aos reconhecimentos de crença, que não são mais cunhados pelo espírito hebraico original, mas sim pelo pensamento helênico e platônico da nova igreja (após a destruição de Jerusalém pelos romanos e o começo da diáspora). Mas nesta mudança se situa a causa original fundamental do antagonismo entre o judaísmo e o cristianismo. É este esquecimento primário que possibilitou aos cristãos ver o judeu como inimigo. Diante dele Pinchas Lapide torna claro que a mensagem de Jesus, em sua totalidade, está enraizada no judaísmo, no entanto – como Lapide também sustenta – com uma intenção e um destino que incluem um material especial bastante considerável.

A Bíblia e o esforço de tornar as fronteiras livres, de abrir a possibilidade de diálogo –, em que os antagonismos parecem deixar o diálogo impossível – são dois momentos fundamentais na vida e no trabalho de Pinchas Lapide. Estes dois também se encontram na conversa com Viktor E. Frankl, que é documentada neste livro. Na conversa sobre as fronteiras dos diferentes espaços científicos os interlocutores descobrem aqui muito mais similaridades do que o preconceito sobre a relação entre a psicologia e a religião deixa supor. Porque os dois juntos possuem um objetivo: a cura da alma e uma vida humana significativamente bem-sucedida.

Ruth Lapide
Frankfurt, outono de 2004.

Referências

AKADEMIE DER DIÖZESE ROTTENBURG-STUTT-GART (org.) (1993). *Juden und Christen im Dialog –* Pinchas Lapide zum 70. Geburtstag. Stuttgart: Akademie der Diözese Rottenburg-Stuttgart [Kleine Hohenheimer Reihe, 25].

EVANGELISCHE AKADEMIE BADEN (1996). *Der Chassidismus –* Leben zwischen Hoffnung und Verzweiflung. Bad Herrenalb: Evangelische Akademie Baden.

Jüdisches Biographisches Archiv; *Jewisch Biographical Index* (1998). Vol. 4. Munique: Saur.

KATHOLISCHE AKADEMIE HAMBURG (org.) (1999). *In memoriam Pinchas Lapide (1922-1977) –* Stimme der Versöhnung: ein Brückenbauer zwischen Juden und Christen. Hamburgo: Katholische Akademie Hamburg [Ansprachen, Reden, Einreden, 8].

LAPIDE, P. (2005). *Er waldelte nicht auf dem Meer* – Ein jüdischer Theologe liest die Evangelien. 6. ed. Gütersloh: Gütersloher Verlagshaus.

_____ (2004a). *Ist die Bibel richtig übersetzt?* Vols. 1 e 2. Gütersloh: Gütersloher Verlagshaus [Edição completa].

_____ (2004b). *Von Kain bis Judas* – Ungewohnte Einsichten zu Sünde und Schuld. 3. ed. Gütersloh: Gütersloher Verlagshaus.

_____ (2004c). *Er predigte in ihren Synagogen* – Jüdische Evangelienauslegung. 8. ed. Gütersloh: Gütersloher Verlagshaus.

_____ (2003). *Der Jude Jesus* – Thesen eines Juden; Antworten eines Christen. Düsseldorf: Patmos.

_____ (2001). *Paulus – zwischen Damaskus und Qumran* – Fehldeutungen und Übersetzungsfehler. 4. ed. Gütersloh: Gütersloher Verlagshaus.

_____ (2000). *Wer war schuld na Jesu Tod?* 4. ed. Gütersloh: Gütersloher Verlagshaus.

_____ (1999). *Ist das nicht Josephs Sohn?* – Jesus im heutigen Judentum. 5. ed. Gütersloh: Gütersloher Verlagshaus.

_____ (1998a). *Leben vor dem Tod* – Leben nach dem Tod? Ein Dialog. Gütersloh: Gütersloher Verlagshaus [Posfácio de Rita Süssmuth].

_____ (1998b). *Rom und die Juden*. 3. ed. Friburgo: Herder [Tradução do inglês].

_____ (1995). *Soll man dem Kaiser Steuern zahlen?* Mainz: Matthias-Grünewald.

_____ (1991). *Heinrich Heine und Martin Buber* – Streitbare Gott-Sucher des Judentums. Viena: Pincus.

_____ (1986). *Ein Prophet für San Nicandro:* Eine ungewöhnliche Glaubensgeschichte. Mainz: Matthias-Grünewald [Edição alemã por Katharina Spann; revisado por Jakob Laubach].

_____ (1980). *Er predigte in ihren Synagogen* – Jüdische Evangelienauslegung. Gütersloh: Gütersloher Verlagshaus.

_____ (1976). *Hebräisch in den Kirchen.* Neukirche-Vluyn: Neukirchener.

_____ (1964). *Israel für Pilger.* Frankfurt: Ner-Tamid.

LAPIDE, P. & RAHNER, K. (1989). *Heil von den Juden?* – Ein Gespräch. Mainz: Matthias-Grünewald.

LAPIDE, P. & WEHNER, G. (1994). *Politikerschelte* – Vom geringen Ansehen des Politikers. Asendorf: Mut.

A busca de Deus e questionamentos sobre o sentido

Sobre este livro

Viktor E. Frankl deixou uma extensa obra escrita. Muitos de seus livros – principalmente *...trotzdem Ja zum Leben sagen* e *Ärztliche Seelsorge* se estabeleceram como clássicos há muito tempo. Para o público em geral menos conhecido, Frankl é o autor de mais de 400 artigos científicos e filosóficos e de contribuições nas quais ele como psiquiatra e neurologista se dedica de vez em quando às regiões limítrofes de seu trabalho de pesquisa real. Este livro também se soma a este ramo de sua abrangente obra total. Ele se originou de uma conversa de várias horas entre o filósofo religioso Pinchas Lapide e Viktor Frankl em sua casa, na Mariannengasse em Viena, em agosto de 1984.

As gravações da conversa que em seguida foi impressa e do manuscrito que foi baseado nela e escrito no verão de 1984 se encontravam durante muitos anos entre o legado de Viktor Frankl sem que ninguém tivesse tomado conhecimento de sua existência. O único manuscrito existente e as gravações que lhe pertenciam foram encontrados somente em maio de 2004 durante os trabalhos de inventário do arquivo particular de Viktor Frankl. Ao que parece, a publicação do livro havia sido planejada e aconteceria brevemente. Os dois autores escreveram o prefácio do livro e estabeleceram seu título ainda em 1984. Não se sabe o motivo pelo qual o livro afinal não foi publicado. No projeto encontrado no arquivo deixado se tratava de provas, o que reforça a suposição de que o plano de publicação já estava proporcionalmente avançado. No entanto, as provas não continham nenhuma marca da editora, o que logo levou as pesquisas sobre o pano de fundo da publicação deste projeto de livro ao fim; a busca de informações nas editoras de idioma alemão de Frankl e Lapide também não revelou nada de novo sobre os motivos da não publicação naquela ocasião.

Talvez o próprio manuscrito possa fornecer mais informações: Ele contém um grande número de correções e de adendos dos autores. A forma, o jeito e o conteúdo dos comentários e das inserções sugerem que cada um dos autores efetuou duas correções. Em consequência os dois autores corrigiram e ampliaram suas respectivas contribuições para o diálogo pelo menos duas vezes antes do fim do livro. Este fato – aliado ao prefácio escrito posteriormente e com as instruções para a editora – fala a favor de que uma próxima publicação do livro era planejada. Se por outro lado os autores não tivessem concordado em não publicar o livro por causa de seu conteúdo, é possível pensar que eles então não teriam tido o trabalho de efetuar duas revisões e nem de criar o prefácio posterior (junto com as instruções para a editora) antes da cópia datilografada corrigida do manuscrito. Do mesmo modo também fala contra uma interrupção antecipada do projeto do livro o fato de que os autores tinham todos os motivos de estar satisfeitos com o resultado de suas muitas horas de conversa; pelo menos eles deveriam estar conscientes de que seus leitores teriam sido gratos por participar do encontro entre Frankl e Lapide. Além disso, é sabido que o entendimento amigável entre Viktor Frankl e Pinchas Lapide foi aprofundado através do encontro em Viena. Isto encerra outra possibilidade de explicação para a não publicação do livro naquela ocasião.

Nós somos gratos à Editora de Gütersloh mais uma vez pela observação de que o relativamente pequeno texto do livro apresentado poderia ter sido um motivo por parte da editora para a desistência dos planos de publicação; um grande contentamento causou o fato de que a Editora Gütersloh se decidiu a retomar o projeto do livro interrompido em 1984.

Quando o presente livro foi encontrado no legado particular de Frankl, foi necessário, primeiro, começar a trabalhar no ponto onde os trabalhos nas provas foram interrompidos há exatamente 20 anos e incluir as correções e ampliações feitas pelos autores. As anotações de Lapide haviam sido datilografadas. A cópia datilografada incluía ao lado dos complementos escritos a máquina de escrever também inúmeras (um total de 50) inclusões escritas a mão por Frankl, que foram anotadas na hoje não mais utilizada escrita estenográfica de Gagelsberg[1].

A atual edição do livro leva em consideração todas as inserções e correções dos autores que aparentemente valorizaram muito a manutenção do caráter de diálogo do

---

1. Neste ponto, um agradecimento especial a Hans Gebhardt pelo gentil apoio na tradução das anotações e comentários estenografados de Viktor E. Frankl.

livro – os complementos e as correções feitos se limitam a poucas e triviais modificações, e apenas em raros casos intervenções profundas no conteúdo, na forma e na condução dos pensamentos do diálogo.

A pequena apresentação dos panos de fundo históricos e formais do livro mostra que este se diferencia em muitos aspectos das publicações de Frankl conhecidas até aqui. Também em seu foco temático a presente obra oferece muita coisa nova e até então não dita por Frankl, desta forma e tão abertamente. Isto também está relacionado ao fato de que a forma dialogal permite exercitar pensamentos ainda durante a discussão, poder desenvolvê-los e descartá-los. Por isto o grau de associação das ideias e dos argumentos trazidos por Frankl é menor do que, por exemplo, no caso das principais obras de Frankl conhecidas. Além da presente obra, até o momento existe apenas um livro que foi escrito em forma dialógica (FRANKL & KREUZER, 1982). Este livro é composto pela transcrição de duas palestras e de duas longas entrevistas com Frankl – mas a diferença decisiva entre este livro (e outras incontáveis entrevistas de Frankl) e a conversa que é apresentada a seguir consiste em que aqui se encontram dois interlocutores, que conversam um com o outro em um diálogo equivalente. Ao ser estimulado em entrevistas a explicar os fundamentos de sua Logoterapia, em geral Frankl gostava de lançar mão de formulações já existentes e fórmulas comprovadas. Mas não é isto que ocorre no livro apresentado: nele se encontram dois pesquisadores, que não esclarecem mutuamente apenas seus pontos de vista, mas que também desenvolvem extensamente novos pensamentos e ideias e que em um espaço protegido colocam em discussão uma amizade tanto pessoal quanto intelectual. O próprio Frankl fala a este respeito ao final da conversa, quando diz:

> *Veja, talvez esta seja a única maneira, pela qual eu possa expressar meu respeito por você, ao lhe confiar coisas, que eu nunca havia dito, que até mesmo nem havia pensado* (cf. p. 156).

De fato, Frankl jamais havia se expressado tão aberta e detalhadamente sobre suas próprias opiniões religiosas, como ocorre neste caso. Estas elaborações pessoais são acessíveis ao leitor, quando as lê em sua total associação com as declarações e ideias psicorreligiosas e filosóficas de Frankl. Por isto, como auxílio à compreensão segue-se uma introdução rápida de conteúdo sobre a posição de Viktor E. Frankl sobre a questão da religião.

Logoterapia e religião

Ao contemplar o conjunto de sua obra, o que em geral primeiro chama a atenção é que, muito embora Frankl tenha frequentemente abordado questões religiosas, ele as tenha discutido de modo muito cuidadoso e contido. Frankl sempre coloca suas reflexões sobre religião sob o símbolo da fórmula pragmática. No contexto da corrente de pesquisa psicológica que ele fundou, a religião e a fé seriam quando muito "apenas" entendíveis como objeto e não como posição (FRANKL, 1994: 272s.). Deste modo o modelo psicológico de Frankl aceita a religiosidade e a fé do homem em sua autenticidade – e suficientemente a sério, para rejeitar a pretensão de querer explicar psicologicamente a religião de forma completa e definitiva.

Em geral, o propósito de Frankl nunca foi utilizar categorias de explicações psicológicas em questões nas quais o seu emprego a partir de um determinado ponto passa pelas necessidades primárias do homem e somente leva em consideração mecanismos psicológicos e psiquiátricos, onde no fundo os desejos espirituais e não os processos psíquicos são efetivos:

> *Porque não apenas o desempenho artístico de um como também o encontro religioso do outro se situam fora do âmbito psiquiátrico* (FRANKL, 1994: 51).

Em outras palavras: para Frankl é importante perceber o homem não apenas em sua constituição psíquica, como também em sua espiritualidade e personalidade – não importa como esta se expresse em suas referências ideológicas. Neste sentido, este pensamento foi durante muito tempo (e de certa forma até a época atual) uma novidade, na medida em que a maioria das teorias psicológicas correntes via na religiosidade do homem apenas uma expressão de processos psíquicos – e isto via de regra sob significados pouco honoráveis[2]. Por este motivo a Logoterapia de Frankl foi adotada com gratidão principalmente por aqueles que não queriam mais colocar as pessoas religio-

---

2. Por exemplo: Religião como "conflitos da infância jamais superados totalmente a partir do complexo do pai" (FREUD 1964-1968, vol. IX: 164); como "busca instintiva por proteção" (PAWLOW & GROM, 1992: 80); como "expressão e válvula de escape do medo da mortalidade" (MALINOWSKI & GROM, 1992: 84); como "ambição de valor motivada pela autoestima" (SPILKA & GROM, 1992: 105).

sas sob suspeita psicoterapêutica geral. No que diz respeito a isto, Frankl estava pouco interessado em proteger a religião como tal de reducionismos psicológicos, mas sim de proteger a própria Psicologia de ultrapassar as fronteiras de seu potencial de esclarecimento metódico, formal e conteudístico. Pois todas as tentativas de explicar a religião e a fé exclusivamente através da psique interna somente são plausíveis em seus conceitos e conteúdos, enquanto programas de pesquisa, se for possível deixar claro que os desejos espirituais, que atuam na religião, podem ser projetados sem prejuízo aos processos e mecanismos psíquicos. A comprovação deste modelo aconteceria em uma situação ideal de forma empírica; no entanto, esta ainda não aconteceu e ainda não é previsível (e conceitualmente difícil de imaginar), como e se uma comprovação deste tipo seria possível, sem exigir, por seu lado – e com isto ela própria –, um programa redutivo de pesquisa.

O verdadeiro passo evolutivo, que a psicologia da religião realiza com Frankl, é, por conseguinte, no fundo uma retirada dos campos espirituais, que *a priori* não seriam psicologicamente acessíveis em toda a sua dimensão. Porque para Frankl a religiosidade é a expressão da busca humana pelo sentido e como expressão da busca de sentido é também tão pouco redutível e discutível como a própria busca de sentido.

Em relação à posição da Logoterapia sobre a religião é possível registrar três afirmações fundamentais, que ainda deverão ser aprofundadas no decorrer desta introdução: em primeiro lugar, Frankl reconhece o papel legítimo que a religiosidade pode ter ou não na vida do indivíduo; em segundo lugar ele também lhe concede historicamente o significado, que lhe corresponde como expressão da busca humana pelo sentido; e em terceiro lugar ele a mantém fora da terapia aplicada, como é indicado em relação à necessária distância ideológica do médico e do terapeuta. Limitado à neutralidade médica Frankl se compromete, por conseguinte, a reconhecer o que motiva as pessoas religiosas, sem avaliar psicologicamente sua aspiração, ou julgar seu conteúdo como expressão da busca religiosa. Em relação à religião como tal a Logoterapia não tem mais nada a dizer, e em função de suas próprias diretivas não estaria autorizada a dizer mais nem como psicoterapia nem como medicina da alma.

Porém, a Logoterapia pode (e como a psicoterapia de vez em quando tem de fazê-lo) tomar o homem religioso como objeto – e aqui ela pode ir mais além do que em sua própria reflexão sobre a religião: porque nenhum modelo psicológico, que se situe no homem, pode se permitir por muito tempo repelir a busca religiosa do homem ou categorizá-la como patológica em função de premissas predeterminadas. A história das religiões e dos mitos atesta o questionamento contínuo do homem pelo sentido. Através do conjunto de sua história mutável isto cria uma continuidade: o homem permaneceu um ser, que não se satisfaz, por viver, e que também questiona constantemente o sentido e a razão de sua existência e ação. Por isto, esta relação tem um importante significado para a Logoterapia, ao confirmar a compreensão do homem de Frankl como um ser que busca o sentido. Por esta razão as aspirações do homem religioso têm um significado muito mais importante para a Logoterapia do que as aspirações da religião como tal. Isto também se torna claro na generosa definição de Frankl do homem religioso. Neste contexto Frankl gosta de citar a afirmação de Paul Tillich, para quem "ser religioso significa questionar intensamente o sentido de nossa existência" (TILLICH, 1962: 8).

A colocação do ponto principal no homem religioso também se reflete no conjunto da obra de Frankl: Aqui a gente logo conclui (algumas vezes ao contrário das expectativas) que as questões religiosas quase não tomam um espaço tão grande, como alguns modos de leitura impostos (não apenas por críticos como também por teólogos e por curadores espirituais) da Logoterapia querem sugerir. Embora por um lado seja compreensível, porque principalmente os teólogos e os membros das profissões espirituais acreditavam ter encontrado na Logoterapia um auxílio protetor (e porque outros ao contrário viam um motivo de crítica); ao mesmo tempo neste ponto a gente tem de alertar contra intensas tendências de usurpação, que a longo prazo não poderiam servir nem à teologia nem à psicoterapia; pois a Logoterapia de Frankl se encerra rigorosamente no ponto no qual a teologia se inicia.

Com um motivo para a tendência de ultrapassar as fronteiras entre a teologia e a Logoterapia é possível que Frankl com a questão do sentido tenha se voltado para um tema que é classicamente coberto também pela religião. No entanto, mal-entendidos que possam surgir neste contexto, embora compreensíveis em uma reflexão breve e após um exame mais profundo das questões de sentido colocadas pelas duas disciplinas não deveriam existir por muito tempo. A posição explicitamente neutra da Logoterapia e da Análise Existencial aplicada em relação às questões religiosas se torna cada vez mais clara quando a gente analisa as concepções de sentido de Frankl. Este estabelece uma diferenciação entre três espécies ou categorias de sentido; apenas uma destas tem uma importância central para a Logoterapia (e ao mesmo tempo relativamente subordinado para a teologia). A determinação dos três conceitos de sentido da Logoterapia serve como auxílio de compreensão deste livro, por isto serão a seguir brevemente apresentados e devem ser discutidos com especial atenção sobre seus aspectos religiosos. No conjunto de sua obra Frankl diferencia entre

1) o sentido na vida, ou em uma determinada situação de vida;

2) o sentido da vida;

3) e o sentido do universo.

Como psicoterapia centrada no sentido, a Logoterapia se preocupa predominantemente com a primeira concepção de sentido – o sentido na vida, ou a situação concreta. Apenas como direção de pesquisa filosófica ou analítico-existencial a Logoterapia ocasionalmente se confronta com os dois outros (mais metafísicos e sob determinadas situações também religiosos) conceitos de sentido e evita, como já vimos anteriormente, afirmações definitivas ou mesmo dogmáticas. No fundo esta é, com poucas exceções, decisiva e muitas vezes única prescrição de *conteúdo* em relação ao segundo e ao terceiro conceitos – o sentido da vida e do universo –, que Frankl está disposto a fazer, de natureza teórica de reconhecimento, e conclui que as duas categorias de sentido não podem ser mais compreendidas racional ou intelectualmente (p. ex., FRANKL, 1982: 41). No entanto, a gente também pode interpretar a partir da posição epistemológica de Frankl que ela pelo menos de forma implícita admite não só um sentido da vida como também um sentido do universo como um todo – mas que estes não seriam fáceis de apreender. Por outro lado, neste ponto os dois conceitos metafísicos do sentido se distinguem: Segundo Frankl, o sentido da vida (ou seja, da vida individual) é inferido – contanto que ele seja em geral inferível – somente quando tivermos condições de apreender uma imagem total de nossa vida:

> *O filme tem sentido como um todo, mas a gente só o percebe quando vemos a relação entre as imagens. O sentido da vida só é percebido quando estamos no leito de morte. No melhor dos casos* (cf. p. 139).

Então, em uma situação ideal, a apreensão do contexto geral de uma vida torna seu sentido claro; mas Frankl acentua que isto depende de que nós com frequência reconheçamos, compreendamos e realizemos o sentido da situação concreta. A resposta à pergunta sobre o sentido da vida ocorre então no nível mundano – particularmente através de nós mesmos. Mesmo que a questão geral do sentido da vida enquanto tal possua um caráter metafórico, sua resposta no contexto da Logoterapia é muito pragmática: O sentido da vida não é determinado pela epifania e pela fé, mas sua revelação é possibilitada pela construção apropriada da vida individual.

A isto se confronta a terceira concepção de sentido, que é principalmente tematizada pela religião (Frankl, pelo contrário, raramente o fez) – o sentido do universo. Também aqui se encontra ainda um momento mundano substancial: porque assim como nos dois primeiros conceitos, segundo Frankl, a assertiva em relação ao último questionamento sobre o sentido também ocorre em função de uma escolha consciente. No entanto, com isto já se encerram as similaridades dos três conceitos a respeito do sentido. Porque, ao contrário do sentido da situação e do sentido da vida, a única possibilidade de escolha do homem em relação ao último conceito consiste em crer ou não crer e não em realizar ou perder uma possibilidade de sentido real.

Com outras palavras: O sentido do universo pode ser aceito ou não, mas ele é em sua realização de modo algum dependente do próprio homem.

Este modelo garante também a neutralidade ideológica da Logoterapia: A decisão sobre a última questão de sentido não é apenas objetivamente impossível de ser respondida, mas também porque não possui conceptibilidade racional não permite a nenhum homem mais do que a outro questionar ou julgar a escolha do indivíduo – conforme o argumento epistemológico de Frankl. Além disto, a própria existência de sentido do universo não depende mais da percepção e da realização do homem, a resposta do indivíduo à questão religiosa também não é mais medida diante do pano de fundo de sua responsabilidade ou deduzida a partir dela. O conhecimento de um sentido do universo pode até dar ao sentido de orientação do homem uma fixação metafísica profunda, mas o reconhecimento ou o não reconhecimento de uma tal fixação não isenta o homem religioso e nem tampouco o homem não religioso de superar os dois primeiros conceitos de sentido em sua vida cotidiana. Por este motivo Frankl aborda a questão sobre o sentido do universo como um fenômeno real (porque a humanidade a colocou em todas as épocas), mas na medida em que ele rejeita a si mesmo e à Logoterapia uma influência, ele não dá a este respeito nenhuma resposta autoritária em geral – e ainda menos concede à absoluta crença do sentido um propósito ulterior substancial ou confessional.

> *A Psicoterapia tem de [...] se mover deste lado da crença da revelação e responder às questões de sentido pelo lado de sua bifurcação em uma visão teísta, e por outro em uma visão ateísta do mundo* (FRANKL, 1994: 273).

Em consequência, o conceito central da Logoterapia como experiência concreta, possibilidade de ação e de postura, não é fundamentado na religião, e em geral não quer nem mesmo se aproximar das questões religiosas: Estas questões usualmente também não se colocam de modo algum na utilização da Logoterapia como psicoterapia e diretriz de vida. Aqui, pelo contrário, o que importa são as possibilidades de sentido, com as quais o indivíduo é confrontado em cada situação de vida e que ele deve descobrir e realizar – possibilidades de sentido que se modificam não somente de pessoa para pessoa, como também dentro de uma vida de situação para situação.

Estas possibilidades de sentido do cotidiano se desdobram – por sua vez em oposição às "eternas" afirmações da religião – na temporariedade e são com isto principalmente diante de sua contínua fugacidade e irrepetibilidade dependentes da ação do homem. Por este motivo a concreta invocação do sentido "como ser fundamental da existência humana" é por fim fundamentada interiormente na responsabilidade (FRANKL, 1994: 280). Este oferecimento do sentido se dirige ao homem religioso e também ao não religioso da mesma maneira e no mesmo grau de comprometimento. Segundo Frankl os dois dispõem da mesma medida de liberdade e de responsabilidade para descobrir e realizar as possibilidades de realização em toda situação. Os dois se beneficiam (*per effectum*) de maneira psico-higiênica, pois a motivação do sentido é congênita – não porque eles sejam religiosos ou não, mas sim simplesmente porque são humanos e como homens dispõem de uma dimensão mental, que encontra na busca do sentido sua expressão existencial de ser. Com outras palavras, se o sentido concreto da Logoterapia está no homem, e este está associado à realização do sentido na responsabilidade humana, o caminho da religião é oposto. Aqui é o homem, aquele que dá a resposta; lá a resposta é dada ao homem. Aqui o sentido é aquilo que o indivíduo avista em uma determinada situação e o que ele faz a partir daí; lá a resposta é dada ainda antes que a pergunta seja feita – e independente de que esta seja feita ou não.

A colocação do tema principal da Logoterapia no sentido concreto torna claro por que Frankl raramente aborda as questões religiosas. Porém, quando ele as aborda, na maioria das vezes é para esclarecimento e limitação do clássico conceito logoterapêutico em relação às questões mais metafísicas. Quando Frankl coloca ocasionalmente as últimas questões de sentido não apenas para limitação, mas também em sua substância, e com isto de quando em quando também deixa transparecer suas opiniões pessoais, ele sempre o faz com muita reserva – conhecendo não apenas as fronteiras epistemológicas deste questionamento como também a total validade (pelo menos na visão do médico e dos psicoterapeutas) de qualquer resposta e opinião possíveis à questão do último sentido.

O presente livro de certa maneira representa uma exceção a esta regra, porque aqui a situação inicial é essencialmente outra: Como pessoa particular – além do mais em uma conversa muito amistosa – Frankl fala de uma maneira extraordinariamente aberta sobre suas opiniões pessoais a respeito da fé. Muito embora já fosse em geral conhecido – ou pelo menos foi presumido muitas vezes – que Frankl era um homem crente; que ele também, diante de golpes do destino (entre eles principalmente os três difíceis anos nos campos de concentração de Theresienstadt, Auschwitz, Kaufering und Türkenheim), não abriu mão de sua fé; e que ele durante sua vida além das fronteiras das confissões concordou com representantes de inúmeras correntes religiosas.

Todavia, neste sentido algumas passagens do livro são notáveis, na medida em que Frankl raramente tenha se expressado tão detalhadamente sobre suas opiniões religiosas pessoais. Tão mais necessário parece ser chamar a atenção para o caráter relativamente confidencial do diálogo que aqui é impresso: Frankl fala, particularmente, quando descreve sua ligação pessoal a suas raízes de crença, não mais apenas como psiquiatra e neurologista e também não mais pela Logoterapia em geral, mas por si mesmo como pessoa particular diante dos questionamentos religiosos a respeito do sentido do universo.

Por este motivo, em relação ao conjunto da obra logoterapêutica, o diálogo aqui apresentado oferece a oportunidade de medir as diretrizes da discussão formuladas pelo próprio Frankl com o sentido do universo: o último questionamento do sentido não é racionalmente totalmente compreensível, e uma resposta a esta pergunta a partir da perspectiva da Psicologia e da Medicina não é comprovadamente mais correta ou em geral mais conciliadora do que outra, assim como a Logoterapia como escola psicoterapêutica não está presa ideologicamente a conteúdos concretos de fé. Tendo em mente estas limitações, o presente livro concede primeiro uma visão profunda das crenças pessoais de Frankl; mas ao mesmo tempo não permite nenhuma nova inferência essencial sobre as próprias perspectivas religiosas da Logoterapia. Assim, este livro deve ser entendido e lido como testemunho pessoal de uma profunda amizade entre dois parceiros de diálogo, que às vezes, apesar e não por causa de suas áreas individuais profissionais e acadêmicas, discutem abertamente as questões limítrofes da religião e da psicologia e com isto trazem à luz opiniões até então inesperadas e excepcionais.

Dr. Alexander Batthyany
Instituto Viktor Frankl – Viena

A BUSCA DE DEUS E QUESTIONAMENTOS SOBRE O SENTIDO

Prefácio

A Psicoterapia e a Teologia, a ciência e a fé combateram ou ignoraram uma à outra por tanto tempo e tão inutilmente que chegou o momento de arriscar um diálogo aberto entre aqueles que – em suas posições – se esforçam por promover a cura ou a salvação do homem.

Neste sentido, em Viena, agosto de 1984, nós abrimos um diálogo franco, que nos ajudou a formar novas e progressivas opiniões.

O leitor encontra neste livro a expressão visível da – pelo menos para nós – frutífera troca de ideias. A partir daí descobrimos que a vontade de procurar a verdade se revela como uma autocrítica e abertura ao desconhecido; que a autêntica tolerância brota do conhecimento das fronteiras do próprio saber e do respeito diante de inspirações surpreendentes, que, como um raio de luz vindo do alto, muitas vezes ilumina novamente velhas questões.

Acima de tudo se tornou claro para nós que a fé e a ciência são dois caminhos da mesma busca pela verdade, que nos levam adiante passo a passo, mas que jamais será alcançada.

Nós estamos plenamente conscientes de termos realizado apenas um início modesto que deve ser continuado. Talvez nós tenhamos mostrado aos outros um pedaço do caminho e lhes encorajado a seguir adiante. Esta é nossa esperança mútua.

Viktor E. Frankl
Pinchas Lapide

Diálogo

Lapide: Sr. Frankl, como leitor há muitos anos de Psicologia da área vizinha, a Teologia, o que me impressiona profundamente em sua obra são principalmente duas coisas: que o senhor muito mais do que Freud, Jung e Adler conceda um espaço a tudo aquilo que nós identificamos com o embaraçoso nome de Deus; e a franqueza da corrente terapêutica que o senhor fundou, a Logoterapia, que não reivindica ser uma doutrina ou mesmo uma dogmática, mas sim um método totalmente aberto, uma abordagem destituída de preconceitos do homem como uma criatura total, que ainda não entende a si mesma, mas que está sempre à procura. Martin Buber disse recentemente a respeito de toda a sua obra de vida: "Eu não tenho nenhum ensinamento, eu tomo o leitor pelas mãos, eu o conduzo à janela e lhe mostro o mundo com olhos bem abertos". Parece-me que isto também poderia ser válido para o senhor, ou estou errado aqui?

Frankl: O senhor certamente não se engana, se eu posso afirmar isto tão arrogantemente. Mas eu gostaria de fazer ainda algumas observações sobre aquilo que o senhor disse, para lhe mostrar como e até que ponto eu estou autorizado a confirmar isto.

O senhor falou com muita habilidade de um espaço livre. Eu prefiro falar que, ao contrário de outras formas de Psicoterapia, a Logoterapia é aberta, isto significa que com esta abertura se confirma, que eu considero o teológico como uma dimensão, que vai além da dimensão antropológica e com isto também da Psicoterapia.

Neste sentido, a prioridade da saúde psíquica não é apenas diferente da prioridade da cura da alma; os objetivos da Psicoterapia e da Religião se situam em diferentes níveis. Com outras palavras: A dimensão em que o homem religioso avança, e diferente da dimensão em que ocorre algo como a Psicoterapia.

Mas por que eu digo dimensão? Porque com isto não apenas a diferença rigorosa, a diferença ontológica é acentuada, mas ao mesmo tempo também aquilo que eu chamo de relação de união. Em inglês a gente pode formular isto de modo mais fácil, ao dizer: "The higher dimension ist the more inclusive". Ou seja, não existe nenhuma relação de exclusividade entre as dimensões individuais, mas, ao contrário, uma relação de inclusão. Com outras palavras: Uma verdade não pode jamais contradizer outra verdade. E ocorre que na dimensão mais alta a autenticidade da verdade resplandece em uma dimensão inferior. É assim que, para ser mais concreto, por exemplo, a verdade do homem não religioso, do descrente, do ateu, daquele que obedece somente à sua consciência e que considera esta consciência como um ponto-final – em oposição ao homem religioso, que por detrás da consciência ainda vê uma instância mais alta, ou seja, a instância divina –, jamais poderá entrar em conflito com a verdade do homem religioso. Porque o mundo religioso envolve em si mesmo – se me é permitido dizer assim – o laico.

Aqui não pode existir objeção. Por este motivo eu falo de dimensões, porque através deste conceito as diferenças essenciais e ao mesmo tempo a similaridade, a inclusão, são acentuadas. Neste sentido o senhor tem razão a respeito da Logoterapia.

O senhor também falou de aceitação do homem. É necessário ir mais longe e aceitar o conhecimento de que o homem é por natureza religioso, que a humanidade através da história permaneceu religiosa e que somente nas últimas décadas, nos últimos séculos a religiosidade, embora não tenha desaparecido, tenha se enfraquecido. "Não tenha desaparecido" na medida em que os homens ainda que inconscientemente continuem a ser religiosos. A gente poderia usar as palavras de Freud – "O homem em seu inconsciente não é apenas imoral, mas também muito mais moral do que em seu consciente" – e modificá-las ou expandi-las, ao dizer: O homem é em seu inconsciente muito mais religioso do que supõe o seu consciente.

Mas o que me impressiona especialmente é a citação de Martin Buber sobre a janela que o senhor mencionou. Porque ela se situa completamente em oposição à tendência, que talvez seja a mais marcante em relação à psicoterapia contemporânea, ou seja, o psicologismo, que vai tão longe, que englobou em si mesmo o subjetivismo e o relativismo e com isto é desmascarado como em nenhum outro lugar.

Fritz Perls, o antigo freudiano, que fundou a Terapia Gestaltista, ou seja, um proeminente representante da psicoterapia contemporânea, diz em algum lugar: Você acredita que está diante de uma janela, mas na realidade você está diante de um espelho. Isto significa que não existe nenhum mundo para o qual eu olho, mas um mundo que é meu reflexo, eu encontro a mim mesmo, o mundo inteiro não é nada mais do que autoexpressão, subjetividade absoluta. É isto aquilo que precisamos combater. No momento em que não existe mais nenhuma objetividade, no momento em que nós esquecemos de que o mundo representa profundamente e por último um mundo de sentido e de possibilidades de valores, que esperam ser realizadas por nós, neste período de tempo, que denominamos nossa vida, o senhor sabe, no momento em que nos esquecemos disto, desaparece todo o compromisso do sentido e de possibilidades de valores. Para que eu devo torná-los realidade? Eles não são nada mais do que projeções de mim mesmo. O Senhor Deus é uma projeção de minha imagem paterna, que eu introjetei anteriormente sob a forma de superego. O que quer que eu faça, não é algo que eu realizo em um mundo, mas antes uma catarse de alguns potenciais subjetivos, agressivos ou libidinosos, é isto que eu projeto.

Lapide: Dentro do conjunto de reflexões, que o senhor acabou de me transmitir, gostaria apenas de pegar algumas, que me parecem ter bastante seguimento.

Eu acredito que as duas maiores linhas de pensamento do mundo ocidental possam ser reduzidas à linha de pensamento grega e à judaica. A linha de pensamento grega é a linha do ou... ou, que infectou – infelizmente – todo o Ocidente. O Novo Testamento é o melhor reflexo disto. Existem salvos ou condenados, existem filhos da luz ou da escuridão. Isto é uma pintura em preto e branco, cuja fantasia nem mesmo consegue alcançar o cinza. Com outras palavras, existe apenas: Ou eu tenho razão, e então você e todos os outros não têm razão, ou o contrário. Mas eu não posso deixar de ter razão, Deus me livre, diria o egoísta normal.

A corrente de pensamento judaica, e para isto a Bíblia hebraica é o melhor documento, é um típico tanto... como também. Davi é o maior rei de Israel, ele é também um adúltero; Korach é o maior rebelde contra Deus e Moisés, seus filhos são considerados como os autores de alguns dos Salmos mais belos. Não existe nenhum preto e branco na Bíblia judaica, existe uma palheta com mais de três mil nuanças de cinza. Não existe o preto como totalmente mal, o branco como totalmente bom. Existe a ação do homem, que é relativa e que se movimenta na esfera de muitos escalonamentos de cinza e nunca é um ou... ou, pois isto é coisa de Deus. Nicolau de Cusa, o grande cardeal do século XV, diz isto em duas palavras: Deus é a *coincidentia oppositorum*, a coincidência de todas as oposições, o que seu conhecido ancestral Maharal, o alto rabino Löw von Prag talvez tenha formulado de maneira ainda mais bonita. Ele ilustra isto em uma parábola belíssima: A Bíblia hebraica se inicia com a palavra *Bereschit*, e a primeira letra é 'b'. Por que a Bíblia não começa com 'a', a primeira letra, como seria lógico de supor, por que exatamente com o 'b' que tem o valor numérico dois? E então ele lê a primeira página da Bíblia três vezes, e, veja aqui, o número dois é a chave de toda a criação: Deus criou o mundo em pares. Começa com luz e escuridão, céu e terra, sol e lua,

61

terra firme e mar, fauna e flora. Por que tudo consiste nesta dualidade, que no fundo é uma unidade dual? Porque cada uma das metades precisa da outra não apenas como contraste, mas sim como autoentendimento próprio. Não haveria nenhuma noite se o dia não estivesse lá, nenhum mar, que se limite no continente, nenhuma mulher, que não precisasse do homem para sua existência feminina. A unificação dos dois é o divino, aquela força divina que nós por falta de uma palavra melhor chamamos de amor, de força oposta de atração, o anseio de se tornar um, da dualidade desejada por Deus.

Frankl: Dentro disto existe algo platônico, algo que é citado em Platão, este velho mito com o hermafrodita e o andrógino. Mas isto não é dele.

Lapide: Não, isto é muito velho. Isto foi até mesmo adotado pelos rabinos: Ele os criou como homem e mulher, de forma que antes da separação dos dois era um ser de dois gêneros, que então foi dividido em dois seres. Porém, a verdade ancestral, de que os opostos na verdade não são opostos, mas sim metades conjugadas uma à outra, é aquilo que determina o modo de pensamento dos judeus. O tanto... como também. Por isto, o que muito me agrada em sua obra é o motivo fundamental que percorre seus livros como um fio vermelho: Particularmente a consciência humilde, de ter apanhado um grãozinho de verdade aqui, outro grãozinho ali e de querer adicionar isto ao conhecimento geral da humanidade.

Frankl: Assim seria possível expressar muito bem.

Lapide: Um segundo incentivo à reflexão, que o senhor ainda há pouco provocou em mim, diz respeito ao ateísmo. Em todos os meus encontros com ateístas – e eu os busquei com frequência – cheguei à conclusão de que neste mundo existem apenas poucos ateístas no sentido verdadeiro da palavra. A maioria pertence a três agrupamentos: Os anticlericais, que são revoltados contra os chamados representantes de Deus, e que de fato culpam Deus por tudo aquilo que seu pessoal aqui na Terra fez de errado. Em segundo os pseudoateus, que estão irritados com o pequeno Deus, que lhes foi imposto em casa ou na escola, porque ele não tem absolutamente nada com a necessidade de crer, que tortura seus corações. O terceiro grupo é o dos antiteístas – esta é uma especialidade judaica –, que brigam com Deus, porque não querem perdoá-lo pela existência do mal no mundo, porque a imagem de Deus, que eles têm em sua cabeça, não pode estar de acordo com Auschwitz, com toda a desgraça no mundo, com as crianças que sem culpa vêm ao mundo mutiladas. Por isto eles não são ateus, porque o ateísmo é uma postura que boceja na face de Deus, mas sim antiteístas, que perdem muito suor e sono em sua briga com Deus, e que lutam com Ele como nosso pai Jacó, que durante toda a noite lutou com o anjo do Senhor, até que ao amanhecer arrancou dele o novo nome Israel. E isto não significa etimologicamente, de modo algum, aquele que luta por Deus, mas sim aquele que luta com Deus, um traço de caráter, que foi herdado pelos judeus. Mas ele começou a mancar. Ele saiu curado do encontro com Deus, mas não intacto. Curado em sua alma, fortalecido em sua fé, mas não intacto, porque, como nossos pais afirmam, um encontro com o Absoluto não pode deixar o homem totalmente incólume; e em lembrança a este encontro de nosso patriarca, segundo o qual nós todos nos chamamos Israel, os judeus, que comem comida Koscher, abstêm-se de comer a coxa de animais para que não se esqueçam totalmente da luta com Deus nem mesmo no almoço.

Uma terceira reflexão, à qual o senhor me conduziu, é um paradoxo que me preocupa há anos. A Teologia em todas as suas variantes e matizes afirma orgulhosa sobre si mesma ser uma ciência que exige honras acadêmicas. Mas os dois Testamentos bíblicos não se cansam de enfatizar que Deus é incompreensível, insondável e que simplesmente não se deixa cientizar. Por outro lado, nas ciências psicológicas, a religião não é socialmente aceitável, porém os psicólogos acham que a palavra "religião" não é decente, e, quando um deles se atreve a falar de Deus, a reação geral de seus colegas é um sorriso piedoso.

Como o senhor entende este paradoxo, de que o senhor como pesquisador da mente interdite Deus, e os "pesquisadores de Deus", como nós poderíamos chamá-los, querem incondicionalmente exercer uma ciência do incognoscível. Isto não parece estar no limite do absurdo?

Frankl: Em primeiro lugar: O senhor fala do "eu tenho razão", diz alguém, "e nenhuma outra pessoa tem razão". Veja bem, eu lutei durante anos, talvez décadas, para encontrar uma fórmula madura para a tolerância. Durante este tempo eu me ocupei, para não dizer me incomodei e me afligi, com a seguinte pergunta: se ao ser tolerante isto não me conduziria ao relativismo, ou se esta tolerância não viria até mesmo de um relativismo. E depois de muito refletir eu me coloquei na seguinte posição: Eu devo obedecer àquilo que minha consciência diz, eu tenho de obedecer a ela. Ela me diz o que devo fazer ou deixar de fazer, ou seja, qual é o sentido de uma dada situação, o que ela exige de mim, muito embora a consciência não seja apenas um fenômeno humano, mas também um fenômeno extremamente humano, e então possa errar; embora eu do mesmo modo não saiba e não posso saber, e até o momento em que me encontrar em meu leito de morte não saberei, se aquilo que minha consciência me disse é certo. Eu defino a consciência como um órgão de sentido e não como um órgão sensorial. Isto significa, como aquela instância, que é integrada à constituição do homem como aquele órgão que o deixa descobrir o sentido singular e único da situação presente. Como trata de singularidades e de unicidades a consciência deve agir intuitivamente. É exatamente este o seu dom. Mas, mesmo que o homem seja tão dependente de sua consciência, no que diz respeito ao sentido de uma situação concreta, e no mesmo momento também esteja incerto se sua consciência nesta situação concreta se engana ou não se engana, ele deve aceitar este risco.

Gordon W. Allport, o psicólogo de Harward, disse uma vez em relação a este contexto: "We may be at the same time half-sure but whole-hearte", nós podemos ao mesmo tempo estar apenas um pouco seguros e, no entanto, decidirmos de todo coração de uma maneira ou de outra. E é assim que eu penso: Eu não posso ter 100% de certeza se eu tenho razão ou não, é possível que o outro tenha razão, que sua consciência tenha razão e a minha não. Isto não pressupõe nenhum relativismo, mas exige tolerância. Porque se minha consciência pode errar, isto não significa que exista uma única verdade, mas somente que ninguém pode saber se ele próprio é o dono da verdade ou o outro. É claro que existe apenas uma única verdade. Apenas um pode ter razão. Mas nenhum dos dois pode saber se é ele aquele que tem razão. No entanto, ele tem de garantir por si mesmo e fazer aquilo que sua consciência lhe diz, mas ao mesmo tempo admitir que ele também pode ter se enganado.

O senhor citou o Maharal com razão, e eu o cito em dois ou três de meus livros, porque ele foi de fato o precursor daquilo que eu qualifico de ontologia dimensional.

Passemos à relatividade: Eu acredito em uma objetividade da verdade, uma objetividade da respectiva significância da situação concreta, com a qual nos defrontamos, e eu creio ao mesmo tempo também na relatividade, porém em outro sentido diferente do sentido dos filósofos, quando eles geralmente falam da relatividade. E eu acredito que existam verdades e valores objetivos, mas isto é sempre apenas relativo no sentido de que é relativo a uma determinada pessoa e a uma determinada situação.

Karl Jaspers expressou isto muito bem ao dizer que, quanto mais um valor for válido universalmente – válido para muitos homens –, mais ele perde em rigor e compromisso. Por exemplo, nos Dez Mandamentos é dito que você não deve roubar, que você não pode levantar falso testemunho, que você não deve ser adúltero ou cobiçar a mulher do próximo etc. Então, estes são valores comuns, que foram dados a toda a humanidade, e agora nós estimamos, como Jaspers, que eles ocasionalmente perdem seu compromisso porque eles são universais, porque eles são absolutos, querem ser absolutos e por isto negligenciam a relatividade da situação concreta.

Eu lhe darei um exemplo: No campo de concentração o sentido da situação concreta – aquilo que nós chamávamos de "organizar", era roubar um pedaço de carvão, duas batatas. Todo aquele que conseguia isto se sentia orgulhoso e absolutamente nada imoral. Então isto é válido apenas relativamente. Sob determinadas circunstâncias o sentido da situação pode exigir de mim que eu roube.

Um outro exemplo: Você não deve levantar falso testemunho. Eu consegui, sob o domínio de Hitler, salvar judeus da eutanásia ao descobrir que em um asilo judeu de idosos existiam camas com grades laterais, das quais a Gestapo por acaso não tinha nenhum conhecimento. O diretor havia se responsabilizado em não receber nenhum doente mental. Mas de alguma maneira foram feitos acordos tácitos com meu amigo paterno Professor Otto Potzl, naquela época chefe da clínica psiquiátrica da Universidade de Viena, para que todos os pacientes judeus fossem transferidos imediatamente para o asilo judeu de idosos. A gente apenas perguntava: Nós temos um paciente judeu, os senhores o aceitam? Sim. Ninguém jamais disse, ele tem uma psicose. Assim que ele chegava ao asilo, alguém me telefonava. Eu tinha de pegar um táxi, ir até lá e escrever um atestado falso de que ele não possuía nenhuma psicose. Eu fiz de uma esquizofrenia uma paralisia da fala provocada por um acidente vascular cerebral e de uma melancolia um delírio febril. Eu coloquei a cabeça no laço da forca, mas eu supunha que nenhum dos guardas fosse tão esperto para perceber. Eu apliquei choques de Cardiazol e após algumas semanas as pessoas tinham alta, sem sintomas, e suas vidas foram salvas. Eu levantei falso testemunho, mas eu teria sido imoral se não tivesse feito isto. Eu tive de assumir esta responsabilidade.

E também um terceiro exemplo para o Decálogo: Você não deve cometer adultério! As últimas palavras, que eu disse à minha primeira esposa, quando nós tivemos de nos separar em Auschwitz, foram: "Permaneça viva a qualquer preço, você me entende, a qualquer preço", isto significa que eu lhe dei a absolvição antecipadamente, para se necessário ser adúltera, de se prostituir com um homem da SS em caso de necessidade. Eu não queria ser cúmplice de sua morte ao deixá-la na incerteza e na dúvida de que não poderia fazer isto ao Viktor, do que Viktor pensaria se ele soubesse, o que ele diria etc. Assim, para não ser cúmplice de sua morte eu a perdoei antecipadamente. Eu contradisse os Dez Mandamentos três vezes.

Contudo estes preceitos são, foram e continuam sendo preceitos gerais e são válidos através da história e dentro da sociedade. Porém não são válidos nos casos individuais. Isto significa: em geral não se deve roubar, levantar falso testemunho ou cometer adultério, mas o sentido, como eu o entendo, dentro do âmbito da Logoterapia – na confrontação com o homem singular e a situação concreta e única –, faz-me falar aqui de sentido concreto. Valores e também preceitos são, com outras palavras, diretivas gerais de procedimento. O sentido é algo concreto porque a respectiva pessoa é singular e a respectiva situação é única, concreta.

Lapide: O que o senhor diz sobre a verdade é totalmente judaico, porque a santidade da vida humana é o primeiro mandamento do judaísmo; chama-se no Mischna o "mandamento real", porque é o rei de todos os mandamentos. Isto significa: Os judeus como os jesuítas reconhecem uma hierarquia das verdades. Dois e dois são quatro é uma verdade que não aflige ninguém, que ninguém contesta, sobre a qual ninguém se decepciona. Deus é um e apenas Ele sozinho é uma verdade, pela qual a gente pode lutar, que custou a vida de muitos homens, que é uma verdade fundamental. Entre as duas existem mil nuanças. Que o senhor tenha dito à sua esposa que deveria fazer tudo para salvar sua vida, é judeu ancestral. Já há mais de 2.000 anos os rabinos dizem: Para salvar uma vida humana, também a própria, você não pode, mas *deve* quebrar todos os outros mandamentos. Você foi criado à imagem de Deus. Preservar esta imagem tem prioridade sobre tudo mais. Isto é claro. O Papa João XXIII fez aquilo que o senhor fez: Contra todas as diretrizes do Vaticano, durante a Segunda Guerra, quando foi delegado apostólico na Turquia, ele deu às autoridades judias milhares de certificados de batismo em branco, e graças a eles milhares de crianças judias da Bulgária e da Romênia puderam ser salvas – contra todas as instruções, leis e estatutos da Santa Sé. Por isto ele não recebeu nenhuma repreensão nem foi punido, mas antes escolhido como papa, talvez isto não tenha ocorrido sem ligação a esta nobre "inverdade" que ele cometeu. Mas a Bíblia fala do comportamento da verdade e não do falar da verdade. Eu suspeito que aqui esteja a diferença.

Frankl: Eu já queria ter dito antes: "Dois mais dois são quatro" é uma verdade aritmética e não existencial.

Lapide: Exato. Daí as hierarquias da verdade, como os jesuítas dizem. Mas o comportamento da verdade é talvez o mais importante neste mundo. Porque, quando eu sobrevoo a história da humanidade, quase não existe um vocábulo tão mortal no vocabulário humano como a verdade. Pela verdade subjetiva de muitos homens quantos milhões de homens não foram mortos, e quantos milhares não foram livremente para a morte? Eu acho que nós deveríamos proclamar um moratório sobre a palavra verdade e durante cinco ou dez anos substituí-la pela palavra possibilidade, que é certamente mais humilde, mas que com certeza não provocaria nenhuma guerra. Mas que existe uma verdade, isto é incontestável. Contestável por outro lado é a acessibilidade desta verdade para nós homens frágeis e falíveis que podemos ver tudo apenas através de nossas próprias lentes.

Frankl: A acessibilidade da verdade total, porque algum aspecto desta verdade nós apreendemos...

Lapide: Eu falaria aqui de verdadezinhas ou de grãos de verdade, se o senhor quiser, mas assim que alguém guarnece a verdade com o artigo definido "a", ele corre o risco de se tornar arrogante ou de cair em um absolutismo anti-humano que não cabe a nós seres humanos.

No entanto, eu gostaria de lhe perguntar outra coisa, porque o senhor em seus escritos me levou a isto. O senhor escreve em seu livro verdadeiramente pungente sobre suas vivências no campo de concentração que, quando nada mais resta a alguém, ainda existe o amor como tábua de salvação, mesmo do pântano do desespero. Amor por uma mulher, amor pela mãe, por uma ideologia, talvez pela própria vida, e que qualquer que seja o desencadeador deste amor salvador, sempre se trata de autotranscendência, da capacidade, por assim dizer, de sair da pele, de romper a prisão da própria pele. Eu me permito ampliar a sua ideia. Muito embora eu não tenha estado em Auschwitz e por isto não possa imaginar, ou pelo menos não possa imaginar totalmente, o que o senhor passou. Mas não se segue a isto que um verdadeiro egoísmo como um amor maduro pelo próprio ser imprescindivelmente exige o amor ao próximo? Você não pode amar a si mesmo se você não pode amar alguma coisa que está fora de você, porque seu eu, não importa como quisermos formular, necessita do amor a algo além de nós mesmos para a própria individuação. Isto significa que um egoísta, que ama apenas a si mesmo, na verdade odeia a si próprio. Alguém que é capaz de "sair de sua própria pele" para amar aos outros ou a outro – até a autoabnegação – é mais fiel ao seu próprio ser.

Frankl: Eu posso dizer apenas que, a partir de meu ponto de vista, o senhor não poderia ter mais razão. Porque é exatamente isto o que eu sempre defendi, mesmo que muitas vezes inutilmente. Eu estou atualmente sendo atacado por alguém em um sucesso de vendas que me critica exatamente por isto. Segundo este autor, eu nego que a autorrealização possa ser uma intenção primária. Porém, a autorrealização em minha terminologia só se deixa alcançar *per effectum*, mas jamais *per intentionen*. Quando eu a tenho como objetivo – e neste ponto o verdadeiro fundador do conceito de autorrealização, Abraham Maslow, deu-me totalmente razão –, quando eu a aspiro, então eu a perco. Maslow escreveu ao pé da letra: "My experience agrees with Frankl's that people who seek self-actualization directly, dichotomized away from a mission in life, don't, in fact, achieve it".

A individuação somente é possível na medida em que eu me perco, me esqueço, me ignoro. Porque eu preciso ter um motivo para me realizar. E o motivo consiste em me entregar a uma coisa ou a uma pessoa, como o senhor anteriormente disse muito bem. Quando eu, porém, não me concentrar mais na pessoa ou na coisa, que me são importantes, mas sim em mim mesmo, neste momento não tenho mais nenhum motivo para me realizar. É a mesma coisa com o anseio por felicidade ou desejo. Se eu não tenho nenhuma razão para a felicidade, então não posso absolutamente ser feliz. Ao ansiar ser feliz, eu perco a visão de tudo, que poderia me dar motivo para ser feliz. Porque quanto mais eu persigo a felicidade, ainda mais a afugento. Para compreender isto a gente precisa apenas superar o preconceito geral de que o homem teria no fundo apenas que ser feliz. Porque o que o homem na realidade quer é um motivo para ser feliz; e quando ele tem uma razão para isto, então o sentimento de felicidade se desfaz, e isto por si mesmo. Mas na medida em que eu miro diretamente o sentimento de felicidade, eu perco dos olhos o motivo que poderia ter para ser feliz, e em função disto o sentimento de felicidade também se reduz e não aflora realmente. Com outras palavras: a felicidade precisa acontecer e, como tal, não pode ser objetivada.

O mesmo também é válido para a individuação: Quem coloca a autorrealização como objetivo efetivo deixa de ver que o homem, por fim, só se realiza na medida em que ele – lá fora no mundo – preenche um sentido. Com outras palavras, neste sentido a autorrealização se afasta do objetivo, da mesma forma que ela, como a felicidade, coloca o preenchimento do sentido no contexto de um efeito colateral.

Então não se trata de autorrealização de fato, mas de uma autoindividuação no desvio sobre e através do mundo e das coisas, sobre os homens, que existem no mundo e que devem me interessar.

Um segundo ponto: O senhor também falou de "verdadezinhas". Isto está completamente de acordo com a pragmática do sentido e com a realização do sentido. Não se trata primeiramente do conhecimento da verdade, mas sim da realização do sentido.

Além disso, o sentido do qual a Logoterapia fala neste contexto não é um sentido universal, mas sim um sentido único. Este sentido único é o sentido do qual a Logoterapia pode falar como não religião, como atividade não pastoral – o sentido do momento desta pessoa nesta situação concreta. Por este motivo, no fundo se trata de partículas concretas de sentidos, dos sentidos particulares de uma situação concreta, à qual uma pessoa concreta está integrada e envolvida.

O senhor diz que isto seria tipicamente judaico. Este "tipicamente judaico" me faz lembrar uma parábola de Max Scheler. Scheler disse, uma vez, que a gente deveria fazer da mesma maneira que o marinheiro, que levanta velas e deixa o cais: ele se orienta pelo farol. Ele sempre precisa olhar para o farol para saber se está no curso certo. O mesmo acontece conosco. Quando olhamos para trás e constatamos ou atentamos que alguém, a quem reconhecemos, disse isto ou algo semelhante podemos nos sentir alegres. Pois isto significa que nós estamos no caminho certo. Mesmo que não soubéssemos disto desde o início, é uma confirmação – como a orientação pelo farol.

Anteriormente o senhor disse algumas coisas sobre relatividade. Meu grande Professor Rudolf Allers confirmou experimentalmente que a intensidade de uma percepção da cor que eu vejo, ou seja, como o vermelho é um vermelho, é inconscientemente medida em relação a um vermelho total, cem por cento vermelho, o *summum rubrum*, por assim dizer. E ele transfere isto para as questões de valores quando diz: Ao emitirmos julgamentos morais, quando nós dizemos que algo é moralmente bom ou mal, ou melhor, ou pior, então nos orientamos por um *summun bonum*, que não existe empiricamente, da mesma forma que não existe o cem por cento vermelho, que nós nunca vimos, mas que tomamos como ponto de partida quando medimos e estimamos relativamente mais vermelho ou pouco vermelho. E o mesmo ocorre conosco, é claro que ele se refere a Deus, o *summum bonum*, ou, como eu diria, a *summa persona bonna*, que nos foi predefinida, sem que o saibamos, sem que o pressintamos, toda vez que emitimos um julgamento do ponto de vista moral. Isto também pertence ao problema da relatividade.

O senhor também falou de dualidade. Eu me lembro de que em minha adolescência, naquela época talvez com 14 ou 15 anos de idade, cheguei à conclusão de que ser é igual a ser-outro. Somente sendo o outro é geralmente possível perceber, não existe nenhum daltônico que não veja o vermelho, existem apenas daltônicos que não percebem o vermelho e o verde. E isto vai mais além. Não é digno de nota que toda a computação, que de alguma forma precisaria ser ontologicamente pré-formada na realidade, na verdade constrói sobre o ou...ou, sobre este zero ou um? Sem algum tipo de regra, uma regra fundamental, existente na realidade, um computador jamais poderia ter sido construído e funcionar. Sem esta dualidade um computador não poderia executar absolutamente nada, para não falar do que para nós é formidável que ele possa.

Então o senhor falou sobre o ateísmo. Posso fazer aqui algumas observações a este respeito? A culpada pelo ateísmo é muito mais a teimosia daqueles teístas, ou, dito de melhor forma, daqueles teólogos que se apegam muito às letras. E eles na verdade não se apegam realmente às letras. Por favor, perdoe-me, se eu agora me expresso conscientemente de maneira diletante –, quando o evolucionista vem e diz, absurdo, em sete dias não é possível criar nenhum mundo, então eu tenho de perguntar: Sim, quando está escrito no "Bereschit" sete dias, quem me diz que na época em que o Bereschit foi escrito, ou pensado, ou contado, ou retransmitido, que no tempo daquela palavra, que foi traduzida por dia, também realmente significou "dia"? Pode ter significado "período de tempo", o senhor me entende? É realmente ridículo insistir nos sete dias e ao mesmo tempo dizer mil dias são para Deus como um dia – pelo amor de Deus, isto não quer dizer 24 horas cronometradas. Quem me permite interpretar desta forma? Mas se a gente traduzir esta palavra corretamente ela seria período de tempo, o que naturalmente soaria muito áspero, então a gente pensaria: ele tem especialmente razão. Porque hoje a gente sabe que existem saltos evolutivos etc., ou seja, períodos de tempo na evolução muito bem-separados, isto é, períodos de tempo instantâneos. Isto é como uma entidade em sentido místico, uma infinitamente pequena linha de tempo, na qual uma mutação acontece. Ela não se deixa nem mesmo medir; todos os subatômicos não se deixam mesmo medir.

Em segundo lugar: assim como por um lado o pequeno talento dos intérpretes pode ser culpado pelo ateísmo, por outro lado a autossuperestima dos orientados apenas no modelo das ciências naturais – que dizem existir somente aquilo que se deixa projetar para dentro ou se reproduz na projeção do plano, enquanto na realidade – é pluridimensional.

Eu conversei muito com Konrad Lorenz a respeito disto. Eu lhe chamei atenção para o fato de que não conhecer nenhuma Teologia não significa dizer que ela não exista. Quando nós projetamos o acontecimento natural sobre o plano do biológico a Teologia não se acaba, mas pode muito bem existir na próxima dimensão mais alta. Sob o plano da Biologia vemos apenas pontos sem relação congruente: são mutações individuais, são coincidências, aqui não existe nenhuma relação adequada. Mas é possível que exista uma coerência na próxima dimensão mais elevada. Aqui ele teve, tanto quanto eu percebi, de me dar razão.

Lapide: A respeito da Teologia, meu caro Senhor Frankl. No fundo existem apenas dois caminhos para se lidar com a Bíblia: ou a gente aceita a Bíblia ao pé da letra ou a gente a leva a sério. As duas coisas juntas não são possíveis. E isto por uma razão muito simples. Os idiomas do homem, todas as línguas sob o sol, são instrumentos relativamente empíricos, que se originam do mundo experimentado, do mundo empírico da humanidade, e por isto apenas podem expressar aquilo que é vivenciado empiricamente – elas não podem se adequar para Deus, o qual nós não podemos comprimir em nosso mundo de experiências. E como todos os idiomas são essencialmente dinâmicos, imprecisos e relativos, nenhum deles pode emprestar a expressão absoluta e eternamente imutável. As palavras. As palavras aprendidas anteontem podem se tornar palavras vazias amanhã se o espírito vivo do idioma as submeteu a uma mudança de significado. Com outras palavras: Quando a Bíblia diz: Deus criou o mundo em seis dias, então com isto é pensado, em um sentido profundo, que Ele criou o mundo em épocas e períodos que em seu progresso evolutivo no fundo se assemelham ao ensinamento de Darwin. Aqui a primeira colocação da Bíblia diz aquilo que Darwin precisou de 377 páginas para dizer.

Karl Rahner falava muito de "mistério incompreensível", o que depois de muito hesitar ele denominou Deus – quase da mesma forma que os rabinos, ele possuía uma "timidez de nome", que de mau grado coloca nos lábios a palavra sagrado, por medo de a destruir. Adorno falava do "anseio pelo totalmente diferente"; Werner Hesenberg o chama de "a ordem central", e Einstein falava com entusiasmo da "estimulantemente respeitosa legalidade do cosmos"; Leszek Kolakowski diz que a preocupação com o mundo seria uma preocupação disfarçada e inconsciente com Deus; os teólogos falam da impossibilidade de falar impessoalmente sobre Deus – e da também desafiante impossibilidade de se calar sobre Ele. Martin Buber vai ainda mais longe, quando escreve: "Deus é a palavra mais carregada de todas as palavras do homem. Nenhuma foi tão terrivelmente maculada, tão fragmentada...

Os gêneros humanos rolaram o peso de suas vidas sobre esta palavra e a pressionaram ao solo; está na poeira e carrega o peso do fardo de todos. Os gêneros da humanidade com suas comunidades religiosas dissociaram a palavra; eles mataram e foram mortos por isso; ela carrega os vestígios dos dedos de todos e do sangue de todos. [...] Eles desenham caretas e escrevem 'Deus' embaixo. [...] Nós precisamos atentar para aqueles que renegam isto, porque eles se revoltam contra a injustiça e a malícia, que invocam com tanto prazer a autorização de 'Deus'; mas nós não devemos abandonar esta palavra. Nós podemos erguê-la do solo manchada e dilacerada como ela está, e reabilitá-la em um momento de grande preocupação".

Aquilo ou o quê nós abordamos como Deus tem muitos nomes, dos quais nenhum o engloba, pode determinar e nem mesmo de perto lhe pode ser justo. O que o senhor pensa quando diz Deus? É o mesmo Deus com o qual o senhor encerra suas memórias sobre o campo de concentração, quando o senhor escreve "sobre o dia da liberdade", no qual depois de todo o sofrimento "não existe mais nada a temer neste mundo – além de Deus"?

Frankl: Trata-se de religião, e o homem religioso se refere, quando ele fala religiosamente, a Deus. A quem ele deveria se referir? Eu pessoalmente cheguei nestes últimos tempos a uma definição operacional de Deus. O senhor conhece definições operacionais? Nós, por exemplo, nos deparamos com algo assim na mensuração dos quocientes de inteligência: A inteligência é aquilo que é medido por meio deste teste; mas o senhor não pode dizer o que a inteligência é – isto é tremendamente difícil. O senhor tem de concordar que aquilo que agora é medido com um teste "que tem confiabilidade" é uma definição operacional. Agora em relação a Deus: Eu tinha 15 anos de idade quando eu defini interiormente: Deus é o parceiro de nossos monólogos mais íntimos. Estes monólogos são realmente monólogos ou em geral diálogos com um outro, com o "totalmente outro"? A questão permanece aberta.

Lapide: Se nós alguma vez pudéssemos nos acostumar com a ideia de que todo o discurso sobre Deus é um gaguejar indefeso, que no melhor dos casos permanece a caminho dele, e de que todos os muitos teólogos são primos e familiares escolhidos do amanuense Wagner, em *Fausto*, que diz: "O que a gente escreveu preto no branco, a gente pode levar confiantemente para casa", também Deus, e isto está a um passo da blasfêmia. É então que se torna claro o conceito do "inefável", que no sentido da timidez judaica nos adverte a não mencionar o sagrado, para não falar exageradamente sobre ele.

Frankl: Eu creio que foi Salomão, que disse na bênção do templo: "Deus deveria realmente viver com os homens sobre a terra? Veja, se o céu e o mais alto céu não podem te compreender, como poderia então fazê-lo esta casa que eu construí"? (2Cr 6,18).

Lapide: Salomão foi um homem sábio, mas muitos de seus sucessores não herdaram sua sabedoria, infelizmente. Porém, uma coisa é certa, que a Teologia é uma designação incorreta se tiver de ser uma ciência sobre Deus, porque algo assim não pode existir. Mas se a Teo-logia no sentido grego original tiver de ser um discurso sobre Deus ou no sentido de sua Logo-terapia uma busca do sentido em Deus, então a palavra Teologia está bem-empregada. Mas ela quer – e isto é a *Hybris* (arrogância), que Deus lhe perdoará – incondicionalmente se tornar ciência ao reproduzir historicamente como os homens no passado vivenciaram Deus, procuraram por Deus ou talvez tenham sentido uma sombra desta divindade. Deus mesmo não pode nunca ser comprimido ao interior de uma faculdade. E isto é o essencial de toda a Bíblia.

E, por último, sobre o idioma: Em Göttingen um germanista me ensinou, que "ein gemeines, niderträchtiges Frauenzimmer" há duzentos anos descrevia uma dama da alta sociedade que se devotava sem esnobismo às classes populares: um elogio claro. O que isto hoje significa no sentido comum é uma difamação processável. Então, se no novo alemão culto três palavras inocentes podem modificar seu significado de um elogio para uma difamação passível de processo, como isto não aconteceria com palavras hebraicas de 3.000 anos e palavras gregas que têm 2.000 anos de idade? Elas deveriam dizer ao senhor ou aos jovens padres e pregadores a mesma coisa que significaram outrora, quando em outra parte da Terra há milhares de anos em impensáveis situações diversas foram trazidas ao pergaminho? Dito de forma delicada, isto é uma superestimação criminosa de todas as línguas humanas. Enfim, nós temos de pensar em Deus, reconsiderar, mas estarmos conscientes, de que nenhuma língua pode abrangê-lo.

Frankl: Eu quero pegar alguns pontos que o senhor abordou. Em primeiro lugar: Eu nunca li Tomás de Aquino. Mas no decorrer dos anos a gente sempre tropeça em algumas de suas citações. E uma vez eu li que ele disse: Nós podemos provavelmente saber que Deus é, porém o que Deus é nós não podemos saber. Há algumas décadas eu expressei isto em um dos meus livros desta maneira: Todas as nossas afirmações sobre Deus só podem ser entendidas entre aspas. Deus é "natureza pessoal", Deus é "benevolente" etc. O antropomorfismo é inevitável. O que é importante é que permaneçamos conscientes deste antropomorfismo. Isto é o importante. Porém, não podemos contorná-lo ou evitá-lo. Porque estes são atributos divinos e permanecem naturalmente simples características humanas, e na maioria das vezes são características por demais humanas. E assim Deus não é poupado de ser simbolizado em uma maior ou menor modalidade antropomórfica. Mas nós deveríamos, por causa destes ingredientes por demais humanos, ter o direito de rechaçar tudo que seja religioso? Não será muito mais que a já de qualquer maneira assimptótica aproximação do mistério e do enigma da última verdade é mais produtiva no caminho simbólico do que no caminho abstrato?

Max Scheler fala neste contexto de características antropopáticas que nós depositamos em Deus: Deus está zangado, Deus está irado, Deus tem piedade. Tudo isto não existe, e, apesar disto, diz ele, conseguimos com este Deus da oração, como ele o chama, muito mais, compreendemos muito mais sobre a verdade, também as teológicas, do que com o abstrato, com o Deus metafísico com *ens realissimum* etc. Isto também é insinuado na palavra de Pascal, quando fala do Deus de Abraão, de Isaac e de Jacó.

Mas para o senhor o que talvez seja surpreendente em tudo isto será, quando eu lhe disser, que Konrad Lorenz em uma conversa na televisão com Franz Kreuzer, eu acho, disse claramente: A camponesa de lá de algum alpe, que vê em Deus o homem de barbas brancas e não sei mais ainda o quê de antropomorfismo primitivo, ela ainda está sempre mais próxima da verdade do que algum cientista natural. Com isto ele imagina exatamente a mesma coisa que nós dois.

Para muitos, que se julgam ateístas, este antroporfismo é estupidez e aborrecimento. E a gente tem de passar por cima deste aborrecimento ao aprender a admitir que a gente não pode passar por cima do antropomorfismo.

Quando por este motivo alguém critica na religião o fato de que seus conceitos de Deus seriam extremamente antropormóficos, nós podemos objetar com o mesmo direito de que inúmeros conceitos também na Física – como "força" e "matéria" – não são menos antropomórficos. Mesmo assim eles também permanecem utilizados na linguagem – até mesmo na linguagem científica. Como as afirmações de Scheler sobre o Deus da prece elas são naturalmente apenas metafóricas e alegóricas, e, contudo, elas são de certa maneira válidas.

Mas existem também aqueles ateístas que se tornaram ateus "depois de Auschwitz", como Rubstein e outros. Um deles afirma que depois de Auschwitz a gente não pode mais fazer nenhum poema, o outro assegura que a gente pode acreditar ainda menos em Deus, depois de Auschwitz.

No entanto, ou o senhor abandona sua fé em Deus, no sentido de uma colocação, que a gente encontra em Dostoievski: Se Deus pode permitir que uma única criança inocente sofra, ou mesmo morra, então eu não posso acreditar nele. Ou então o senhor mantém sua fé – apesar de tudo diz sim à fé, por assim dizer –, e isto por uma simples razão: Eu questiono energicamente que seja possível negociar, dizer: Querido Deus, preste atenção, até 526.000 judeus mortos na câmara de gás eu mantenho minha fé em você, mas eu não permito mais nenhum único. Porque você deixou que morressem cinco ou seis milhões – por causa disto eu retiro minha fé. A gente não pode negociar. E veja, a fé, a verdadeira fé continua a existir. Muitas pessoas dizem que em Auschwitz a maioria das pessoas perdeu certamente sua fé em Deus! Mas isto não é absolutamente correto. Eu não tenho nenhuma estatística, mas, segundo minhas impressões, meu sentimento, é de que mais pessoas em Auschwitz readquiriram sua crença e que em mais pessoas em Auschwitz a fé foi fortalecida – e isto significa apesar de Auschwitz – do que aquelas que a perderam lá. Então não se deveria ser usada rapidamente e sempre a formulação "depois de Auschwitz" em associação à capacidade de crer, mas sim que aqui se deveria falar de uma crença apesar de Auschwitz.

Lapide: O senhor fala com frequência em seus livros do sentimento de falta de sentido do homem atual; de um "vácuo existencial". Isto soa como se o homem tivesse perdido o centro de sua vida, como se ele não soubesse mais lidar consigo mesmo, com seu presente e futuro. O que é o homem – sob o ponto de vista terapêutico? E como ele pode chegar à plena individuação?

Frankl: O homem é um animal, mas ao mesmo tempo é infinitamente muito mais do que um animal. Ele se eleva para o interior da dimensão humana. Isto se comporta de maneira semelhante a um cubo: na superfície ele é um quadrado; mas ao mesmo tempo também mais uma dimensão inteira. Como ser humano eu não sou agressivo, pelo contrário, como ser humano eu sou alguma coisa totalmente diferente: Eu odeio – ou eu amo. Como ser humano eu não sou apenas o veículo de uma energia sexual, ao contrário, como ser humano sou capaz de sentir paixão. Toda a sexualidade é colocada a seu serviço e se torna fenômeno de expressão para o encontro com outro ser humano. Bem, então eu penso: A gente odeia, mas quando a gente sabe ensinar ao homem que não existe nenhuma razão para odiar, então o odiar se torna absurdo. Mas se o senhor em oposição convence o homem que ele tem "potenciais agressivos", os quais ele precisa vivenciar, então o senhor cria nele a mania fatalista de que a guerra, o ódio e a violência seriam fatalidades necessárias. Mas nada é casualidade para os homens. Porque ele, dentro de sua dimensão, ainda tem tudo por modelar. Ele não está de modo nenhum dominado por alguma agressão. Ele só se entrega a ela quando a gente constantemente o desdoutrina, no sentido de que ele não seria o arquiteto de sua vida, mas sim uma vítima das preponderantes circunstâncias sociais ou biológicas. O homem é capaz de se superar, de esquecer a si mesmo, de se perder de vista, de ignorar a si mesmo ao se entregar a alguma coisa ou a um semelhante. É isto que eu chamo de autotranscendência.

Lapide: Não seria possível que certas psicoterapias falem sem entender das misérias da humanidade e de suas necessidades? Será que com frequência não falta de parte dos médicos levar a sério o homem total, ao qual também pertence a busca por Deus, o desejo de sentido e a necessidade de se autoaperfeiçoar?

Frankl: Isto é igual ao que ocorre com o ensino. O ensino deveria fomentar o processo de busca do sentido nos jovens. Porque a educação deve ter como objetivo não apenas transmitir o saber, mas antes também aguçar a consciência do jovem para que ele se torne sensível o bastante para discernir as possibilidades de sentido e desafios que existem em qualquer situação individual. E ainda mais em uma época na qual para muitas pessoas os Dez Mandamentos parecem ter perdido seu valor o homem precisa se tornar apto a ouvir os dez mil mandamentos que estão ocultos em dez mil situações com as quais ele é confrontado.

Nisto o ensino não pode fornecer sentido. De fato o sentido não pode ser absolutamente dado, porque o sentido tem de ser encontrado. Nós não podemos "receitar" nenhum sentido. Mas não se trata mesmo disso, este não é o objetivo e nem a tarefa, e também não é possível. Em princípio já seria bom o suficiente se a gente desistisse de bloquear o processo de busca do sentido. O psiquiatra também não tem a tarefa, digamos, de tornar o homem outra vez capaz de crer e de o conduzir para a religião. Já seria o bastante se os psiquiatras parassem de propagar que Deus não seria nada além de uma imagem paterna e que a religião não seria outra coisa do que uma neurose obsessiva da humanidade. E já seria bom se os pedagogos parassem de criar uma imagem disparatada do homem que debilita a orientação normal do sentido da pessoa jovem e todo seu entusiasmo.

Porque quando eu, seja como estudante em solo acadêmico, seja como paciente, sou desdoutrinado, no sentido do pandeterminismo – o homem não é nada além do que um produto da herança e do ambiente ou de processos condicionados –, sim, então eu tenho mesmo razão quando eu digo: eu não sou livre e em consequência também não sou responsável. Por que eu não deveria cometer atos criminosos, por que eu deveria viver orientado pelo sentido? Porque quando a gente convence as pessoas de que o homem não seria nada mais do que um "macaco nu", ou quando a gente o persuade de que o homem seria apenas uma bola de brinquedo dos impulsos ou de que ele não seria nada mais do que o produto de relações de produção, ou o resultado de processos de aprendizagem – sim, então eu paraliso sim a original orientação de sentido.

Desta forma o entusiasmo e o altruísmo normais do jovem são sistematicamente sepultados. E este é exatamente o grande perigo: Se eu encaro um homem desde o princípio como um pobre coitado – como se "seu eu não fosse o dono da própria casa", como Freud dizia, ou como se ele não fosse nenhuma outra coisa do que uma bola de brinquedo para além da liberdade e da dignidade, como Skinner formulou –, então eu o torno pior do que ele já é, eu o corrompo! Se eu pelo contrário aceito o homem como ele é, como ele deve ser, então o torno aquilo que ele pode se tornar. Então eu mobilizo seu potencial humano individual.

Lapide: Eu quero intervir diretamente. Veja: O deus, no qual eu acredito, é um deus da liberdade no duplo sentido da palavra: Ele próprio é livre, isto significa que ele não se detém em nossas regras do jogo, e ele nos deu o fecundo presente da liberdade, de dizer sim ou não a ele; ele pode, como o senhor escreve, ser o deus inconsciente em nós, e se nós gritarmos alto o bastante e fizermos barulho, então não ouvimos sua voz sussurrante em nosso interior. Esta liberdade ele nos deu. Se é assim, então frases como: por que Deus deixa isto acontecer, por que Deus permite isto ou aquilo? não são nada menos do que antropomorfismos como toda a teodiceia. Porque Deus é no fundo o mais alto chefe de polícia no céu, que pode permitir e proibir, autorizar e conceder. Eu acredito que estas imagens de Deus, que pertencem muito mais à infância, morreram em Auschwitz, e eu não sei se eu devo pranteá-las. Pois Deus, o bondoso avô com a longa barba branca, morreu certamente em Auschwitz. Deus, o velho contador, que diariamente contabilizava as boas e más ações de um homem, foi queimado em Auschwitz. O Deus do combate, que sempre marchou com os batalhões mais fortes, repousa no mesmo mausoléu familiar que o deus dos que sempre têm razão e dos sabichões. Eu creio que Auschwitz nos ajudou a uma retração saudável de nossas imagens de Deus.

"Deus está morto", disse Nietzsche um dia, antes de adoecer psiquicamente. Se ele ao afirmar isto se referia às concepções em parte infantis em parte pueris de substitutos, realizadores de orações e provedores de sucesso maravilhosos, então ele está totalmente certo. Mais ainda! Nós devemos agradecer aos críticos religiosos, porque eles nos libertaram de muitas idolatrias falsas e nos obrigaram a nos decidirmos por uma concepção de Deus mais madura, superior. Em resumo: Se seu deus pode ser descrito, definido, esclarecido e codificado, então ele é apenas um deus substituto – não o Deus da Bíblia.

Frankl: Autorreflexão crítica no melhor sentido da palavra...

Lapide: Talvez nós devêssemos denominar isto desta forma. Mas para mim Auschwitz seria então mais uma questão da antropodiceia, que ainda continua válida: Onde estava o homem quando milhões de homens foram queimados? Onde estava o semelhante a Deus que tinha os mandamentos? Onde estava uma Europa batizada que durante sessenta gerações foi educada no amor, no amor ao próximo e no amor ao inimigo do Rabino de Nazaré, quando seus irmãos carnais foram envenenados com gás como se fossem vermes? Esta seria uma pergunta que ainda espera por uma resposta. Porém, fazer mal uso de Deus como substituto pela desumanidade dos bípedes com seus companheiros de espécie é em minha opinião uma grande blasfêmia. No entanto, para chegarmos a algo positivo: No Sermão da Montanha se fala de um chamado amor ao inimigo como ápice da moralidade humana – embora uma retradução no idioma de Jesus deixe claro que Ele se referia a um "amor desinimizante", que por meio de uma enérgica reconciliação pelo menos procura desinimizar o oponente, mas quando possível deseja transformá-lo em amigo. Em seu livro *A mensagem de Jesus* (Berna, 1959) o teólogo evangélico E. Staufer, que simpatizava bastante com o partido nazista, encontrou apenas quatro exemplos históricos autênticos para amor ao inimigo: Jesus, seu irmão Jacó e o mártir Estêvão – e ainda um outro sobre o qual ele relata com as palavras a seguir:

> Em 20 de outubro de 1958, a maior Seção Criminal do Tribunal Distrital em Varsóvia iniciou o processo contra Erich Koch, o mais notório exterminador de judeus da Polônia. O chefe de distrito acusado é trazido do presídio de Varsóvia. Koch declara no primeiro dia de audiência: "Se eu ainda estou vivo, devo agradecer isto somente a uma grande mulher, à médica do presídio Doutora Kaminska – a Doutora Kaminska é judia". Tudo isto lembra-me de forma vívida de seu discurso memorial em 25 de março de 1949, que o senhor fez, a pedido da Sociedade Vienense de Médicos, para homenagear os seus membros mortos entre 1938 e 1945 – palavras sobre as lembranças naquela época ainda bastante desperta do inferno de Auschwitz – livres de impulsos de retaliação, de vingança, até mesmo livres de ressentimentos.

Frankl: Naquela época, eu disse: Minha tarefa é testemunhar diante de vocês como médicos vienenses passaram fome e morreram; dar testemunho de verdadeiros médicos – que viveram como médicos e que morreram, que não podiam ver os outros sofrer, não podiam deixar sofrer, mas que sabiam sofrer, que sabiam provocar o sofrimento adequado – o sofrimento digno. Em suas últimas

90

palavras nada foi dito sobre ódio – de seus lábios chegavam apenas palavras de imprecação e de perdão; porque o que eles odiavam e aquilo que nós odiamos nunca é o homem. Aos homens a gente precisa poder perdoar. Aquilo que eles odiavam era apenas o sistema – que conduzia uns à culpa e os outros à morte. Porém, não é melhor não julgar demais os outros? Enquanto nós ainda condenamos e acusamos, o motivo não é alcançado. E assim nós não queremos apenas lembrar os mortos, mas antes também perdoar os vivos. Assim como nós estendemos a mão aos mortos, além de todas as sepulturas, acima de todos os ódios. E quando nós falamos: Que os mortos sejam reverenciados, também devemos acrescentar: E paz a todos os viventes de boa vontade.

Lapide: Quem lê estas linhas e é um indivíduo não pode deixar de se sentir emocionado. Eu estou certo de que todos os leitores compartilham de sua opinião. Mas eu me pergunto, o que é isto em mim, que estremece, quando ouço estas linhas e leio seu livro, no qual o senhor com objetividade clínica pode descrever seu próprio sofrimento – a bestialidade do campo de concentração, sem uma gota de ódio? Eu suspeito que a faísca divina esteja em mim, o sopro de Deus, que me concede a nobreza da humanidade, que aqui se comove.

É o Deus que existe em mim e que deseja fazer de mim um homem completo, que eu ainda estou longe de ser. Por que buscamos Deus acima nas estrelas, em todos os possíveis "ismos", em todo o mundo exterior, onde Ele certamente também está, em vez de em nosso mais profundo interior, onde Ele tem uma voz, que o senhor chama de consciência, onde Ele faz brotar de mim a oração, que deixa orar, e desperta a necessidade de orar, onde Ele me permite amar, e poder me tornar eu. Para que vagar na distância se este Deus se infla em mim e apenas aguarda ser levado a resplandecer por meu intermédio? Isto não seria um fragmento da crença em Deus, que também depois de Auschwitz, principalmente depois de Auschwitz, não perdeu de modo algum sua validade?

Frankl: Sim, é o que eu posso dizer. Eu só posso lhe dar cem por cento de razão. Eu não conheço ninguém que seja capaz de expressar isto tão maravilhosamente em palavras como o senhor.

Lapide: O ateísmo não seria então uma paralisia metafísica de um homem que, supostamente, intelectual, psicológica e fisicamente está intato, mas a quem, porém, falta o sentimento para o transcendental em seu próprio si-mesmo? O componente vertical do ser humano, que nos permite levantar os olhos, olhar para o alto e nos empurra para frente?

Frankl: Isto poderia ser dito desta forma...

Lapide: Não seria então um ateísta aquele que nega fortemente a Deus por vontade do homem, ou por vontade do mal, que ele não pode suportar, ou pela vontade das classes, pela vontade da revolução comunista – e existem

92

muitos motivos para negar a Deus –, não seria um ateísta uma pessoa que se alienou de si mesma, que não se esforça e não tem a paciência de ouvir seu próprio interior, e finalmente permitir que fale, aquele que o jovem Samuel, quando ainda não era profeta, ouviu três vezes, até que o velho Eli finalmente compreendesse que esta voz vinha dele mesmo, e que não era nada menos do que a voz de Deus?

E isto me traz outra vez a estas palavras maravilhosas: autorrealização, autopreenchimento, autodesenvolvimento, estas palavras modernas, que eu chamaria de egologia, a bestialização, que o egoísmo quer alçar a ciência. Nas máximas de sabedoria dos rabinos e de Jesus de Nazaré, que também foi um rabino, encontramos exatamente o contrário: "Aquele que tenta salvar sua vida, a perderá; e aquele que a perde, a ganhará" (Lc 17,33).

Isto comprova, entre outras coisas, que Jesus também foi um bom psicólogo. À procura do sentido destas palavras peculiares me ocorre um paralelo talmúdico (Ta'anith, 66a): "O que deve o homem fazer para que ele viva? Eles respondem: Ele deve matar a si mesmo (isto significa a morte do egocentrismo). E que deve fazer o homem para que ele morra? Eles respondem: Viver para si mesmo (isto significa deleitar-se no egoísmo)".

Estas duas passagens dizem que um homem que vive apenas para si mesmo e que existe somente para si próprio, ou seja, em "autorrealização", é ávido, e que por último atrofia, se brutaliza e aos poucos morre intelectualmente. O eu, ao qual ele se agarra desesperadamente, degenera-se até tornar-se algo mau, sem vida, porque sua alma é impedida de brilhar sobre o outro e de atuar como o seu ser exige. Já o homem livre, que é capaz de passar por cima de si mesmo, que se dá ao outro, este vivencia no amor que se dá seu afortunado autoencontro. O caminho para a felicidade, disse Jesus, totalmente no sentido dos rabinos, conduz para fora da visão do eu em direção à procura do tu, que então tem seu ápice no grande nós.

Que a Teologia e a Psicologia aqui andam de mãos dadas é testemunhado por um prisioneiro desconhecido na Sibéria, que em um cartão postal descreveu sua experiência em três linhas:

- Eu procurei Deus, e Ele esquivou-se de mim.

- Eu procurei minha alma e não a encontrei.

- Eu procurei meu irmão e encontrei todos três.

Em relação ao autopreenchimento eu me recordo de uma conhecida história chassídica de um rabino, que foi um fazendeiro na Galileia no século II. Entre os preceitos da Bíblia hebraica a favor dos pobres, dos órfãos, das viúvas e dos desconhecidos está escrito: Tu não deves juntar um feixe esquecido em teu campo, pois ele não pertence a ti, mas aos pobres, às viúvas e aos órfãos, para os quais a fartura divina não é menos determinada do que para ti. Este rabino fazia a colheita à noite em suas terras, quando seu filho lhe disse que muitos feixes foram esquecidos, mas que a lua já estava alta, e que seria quase impossível ainda recolhê-los. Então o velho rabino chorou e disse: Deixe-os ficar, mas vá depressa ao meu vizinho, porque depois de amanhã eu quero dar uma festa! Quando os convidados da festa chegaram e bebiam juntos, alguém perguntou ao rabino: O que você está comemorando? Teu filho já está casado, tuas filhas já te presentearam netos há muito tempo! E então ele disse: Veja, durante toda a minha vida eu procurei servir a Deus em todos os preceitos e proibições de sua Bíblia. Apenas este único mandamento permaneceu para mim proibido de ser cumprido, porque a gente só pode realizá-lo no esquecimento. Mas eu pensei todo o tempo em Deus, e assim eu consegui realizar a minha intenção. Por meio dos feixes esquecidos eu obtive a graça de poder servir a Deus.

Talvez o mesmo aconteça com o autopreenchimento. Quem pensa eternamente em si mesmo, quem não perde o egoísmo de vista, quem sempre quer ser realizado, não é completo. Quem é capaz de negar o ego, de perder ou se colocar em último lugar, porque para ele existe alguma coisa maior do que o próprio, do que o pequenino eu, encontrará a si mesmo ao se perder no outro. Ou se apaixonar, o que talvez seja a mesma coisa.

Frankl: O senhor traz em belas palavras aquilo que eu tento desajeitadamente demonstrar. Nos últimos meses ou anos, quase não existiu uma palestra na qual eu, a pedido de minha esposa, não tenha abordado a comparação da autorrealização ou da autotranscendência: acontece conosco o mesmo que com o olho. A capacidade do olho de realizar sua tarefa, de perceber oticamente o mundo ao redor, é paradoxal à sua incapacidade de perceber a si mesmo. Quando meu olho vê a si mesmo – quando eu o observo diante do espelho? Quando ele percebe alguma coisa de si mesmo? Se eu tenho uma catarata, então eu vejo uma nuvem; se eu tenho um glaucoma, meu olho vê na forma de cores do arco-íris em volta das luzes através da própria pressão elevada em sua câmara anterior. O olho saudável não vê nada de si mesmo. O que quer que ele perceba de si mesmo significa um distúrbio de sua função.

O mesmo ocorre com o homem. Ele se torna si mesmo, ele realiza a si próprio, ele é completamente homem exatamente na proporção em que ele não objetiva a si mesmo ou sua autorrealização, nem sua felicidade, nem seu desejo, mas sim se dá a alguma outra coisa; esquece de si mesmo, como o olho não se vê, como o senhor disse corretamente. Isto é visto na patologia sexual: Na proporção em que alguém quer demonstrar sua potência e não pensa na parceira, na proporção em que a parceira quer provar sua capacidade de ter orgasmos, mesmo que seja para si mesma, e não presta atenção no parceiro, na mesma proporção ela se torna frígida e ele impotente. Este é o cotidiano clínico. Ou seja, a autotranscendência alcança até o interior destas coisas.

Agora é o seguinte: O senhor falou de ateísmo. Eu ainda tenho alguma coisa a acrescentar. Uma quarta coisa, que mobiliza um ateísta ou que não combina com a crença, e é um motivo moral: O ateísta não pode suportar que a gente tenha esperança de ir para o céu quando a gente é obediente e respeitosa. O ateísta deseja muito que a gente seja respeitosa por sua própria vontade, ou por uma coisa ou pela vontade de outro, e não para ir para o céu. Ou, como estava escrito uma vez em um anúncio: "Fazer o bem rende juros – compre um bilhete desta ou daquela loteria, com o qual você pode ganhar". Agora, para ele é repulsivo, para dizer desta forma, se ele aqui especula "o que isto seria", porque isto não é a própria moral. Eu acredito que isto tenha muita importância.

E então o senhor também falou da antropodiceia *qua* Auschwitz; o senhor fala aqui da Teodiceia. Aquilo que eu não posso suportar na literatura teológica, é quando são impostas regras ao Senhor Deus, quando um teólogo explica que Deus não poderia ter feito isto ou aquilo, que isto não corresponderia à essência de Deus etc. Isto é pessoalmente para mim um incômodo. E a grande Teodiceia é de qualquer forma uma coisa fantástica, quando se diz: Para que o bem se sobressaia como bem, no propósito do efeito do contraste, o mal também precisa existir. Eu não falo agora da liberdade do homem, mas sim da liberdade de Deus, que aqui sempre é acentuada. Eu também acho isto um absurdo. Eu digo simplesmente: Se Deus quisesse, Ele também poderia ter criado um mundo em que não houvesse nenhuma necessidade do contraste entre o bem e o mal. E eu me lembro de que uma vez minha filha de seis anos entrou no banheiro e disse, enquanto eu me barbeava: Papai, por que a gente sempre diz o amoroso Deus? Então eu disse: Mas isto é muito simples, há algumas semanas você teve sarampo, e o amoroso Deus te curou. Sim, disse ela, mas antes Ele me fez ter sarampo. Isto é um *regressus ad infinitum*.

Lapide: Eu, porém, rejeitaria este Deus amoroso, porque Ele é um diminutivo, que se adequa a uma criança de seis anos, talvez também a uma criança de 30 anos retardada mentalmente. No entanto, um Deus do amor não é o amoroso Deus. O amoroso Deus soa como um deusinho

97

que a gente pode afagar. E Ele não me afaga assim como eu também não o afago. Isto parece com uma teologia da avestruz, que ignora de propósito os lados desconhecidos de Deus, para apoiar a si mesma com o auxílio de elogios. Mas um Deus de amor, que deseja o bem e também me concede liberdade para o mal, é um Deus que eu posso tolerar, no qual eu posso acreditar.

Se nosso Deus é um Deus de amor, então Ele também precisa poder ser um fanático apaixonado – um Deus que dá, mas também toma; que perdoa, mas também pune; ao mesmo tempo exigente e imperioso. Um Deus sem raiva do pecado, sem paixão pelo que é certo seria um deus grego apático, que governa bem alto no céu e nada quer saber sobre o sofrimento do mundo. Porque um deus, para o qual o malfeitor e o justo, o santo e o assassino de multidões são indiferentes, seria um deus da indiferença, que se adequa ao Olimpo ou a um panteão romano, mas não aos profetas coléricos do Antigo Israel, com os quais o temperamental Jesus também estava intimamente ligado. Porém, se o senhor rejeita a Teodiceia como um antropomorfismo, que eleva Deus a chefe de polícia, a chefe militar superior ou a prefeito no céu, existe entre a Teodiceia que o senhor rejeita e a Antropodiceia de Auschwitz, da qual eu falo, uma ponte, que eu com outros rabinos chamaria de Teopatia. Se Deus vive em mim, do que eu estou convencido, pode existir um deus paradoxal, que castiga todas as nossas pequenas mentiras de sabedoria humana, ao ser grande o bastante, para se fazer pequeno, poderoso o suficiente, para se autoparalisar, livre o bastante, para se prender e que quer sofrer junto com suas criaturas – então ele sofreu em Auschwitz e morreu de fome em Treblinka com seus judeus. Então eu posso reconhecer Deus não só como deus criador, mas também como um deus que caminha comigo, como os Salmos dizem, também através do vale da morte, para se tornar em mim mais humano como homem. Esta talvez seja uma concepção de Deus, que depois de Auschwitz nos conduziria adiante no curso de nosso amadurecimento das imagens de Deus.

Frankl: ... e removeria a couraça, que nos atrapalhou e restringiu.

Lapide: Algo que talvez possa iluminar nosso pedacinho de verdade é uma pequena fábula rabínica. Ela diz que um dos justos após a morte chegou ao outro mundo e foi conduzido a um refeitório. Lá havia muitas pessoas sentadas ao redor da mesa, emagrecidas, a gente poderia contar suas costelas, eles estavam perto de morrer de fome, no entanto a mesa estava coberta totalmente por alimentos abundantes. O que aconteceu? Cada uma destas pessoas tinha uma colher de três metros, com a qual não era possível alcançar a própria boca, mas que lhe dava condição de alimentar o vizinho em frente. Elas não faziam isto e preferiam morrer de fome. Então o justo foi levado três cômodos adiante a uma outra sala, onde havia exatamente a mesma mesa com as mesmas comidas abundantes. Em volta dela sentava-se uma quantidade de pessoas com a mesma colher comprida: gordas, alegres e comemorando. Uma alimentava a outra. Isto, lhe diz o anjo, é o paraíso. Onde você esteve antes era o inferno.

Frankl: A colher é intencionalidade, não é verdade? Você não pode entender a si mesmo, mas sim entender apenas alguma coisa que você não é. Mas através da reciprocidade a existência humana é possível, porque você, por outro lado, como eu gostaria de dizer, é transcendido.

Mas eu gostaria de lhe provocar sobre um ponto anterior, de certa maneira desafiar. O senhor disse que Deus seria tão grande, que pode se humilhar, que Ele pode se fazer pequeno e que pode se introduzir na alma mais tola. Talvez o senhor conheça essa história, que narro em um de meus livros: Eu falo de um paciente que sofria de uma esquizofrenia desde a primeira infância e que me foi apresentado com alucinações constantes e muitas vezes muito irritado, e então eu perguntei a ele: Como o senhor pode se controlar apesar de sua irritação, como a enfermeira havia confirmado? Então, após muita relutância, ele respondeu: Pela vontade de Deus. E então eu percebi aquilo que Kierkegaard pensava quando ele disse: Mesmo quando a loucura me oferece sua vestimenta de palhaço, eu posso até o último momento me agarrar a meu Deus. Este Absoluto! Eu vi estados confusionais maníacos muito severos, pessoas, deitadas sobre sua própria sujeira, no feno molhado. Em Zwokarna, assim se chamava a enfermaria em Theresienstadt, havia uma moça que eu conhecera e que aqui em Viena praticamente se prostituía para os soldados da SS. A psicose maníaco-depressiva se revelou no hospital de Theresienstadt e nas últimas horas antes de sua morte causada por agitação maníaca e por esgotamento ela me pedia constantemente para que eu a perdoasse. Eu não sabia por quê. Então eu a observei momentos antes de sua morte – foi uma cena como a de Gretchen em *Fausto* – no feno sujo, e ela se agachou e orou Ouça Israel. Uma psicose confusional grave. É isto que eu penso de se introduzir na mais pobre alma.

Mas eu lhe pergunto se Deus também não poderia deixar crescer uma barba branca, em vez de se barbear. Por que Deus não pode, no sentido de Konrad Lorenz, no sentido do deus da oração de Max Scheler e também no meu sentido de justificativa do antropomorfismo caótico, eventualmente também assumir a forma paterna, poder se transformar no pai, no grande pai, na grande imagem paterna, como eu denominei isto uma vez? Por que Ele não deve fazer isto, para alcançar o nível mais baixo da intelectualização, o mais alto grau da desintelectualização? O que o senhor tem a dizer a respeito deste desafio audacioso?

Lapide: Eu digo que estou de acordo com Lorenz, a quem o senhor citou. Se a camponesa no Tirol só pode imaginar seu deus, aquele em que ela acredita de pleno coração, de barbas brancas, mas cumpre os seus desígnios, e se esta barba branca a auxilia a se tornar uma pessoa e uma mulher completa, então este é o verdadeiro Deus. Se ao contrário o professor de Teologia em Viena, Bruxelas ou Londres, com suas palavras estrangeiras de cinco sílabas tenta definir Deus, mas em casa se comporta como um porco diante de seu semelhante, então o deus da camponesa está mais próximo de Deus do que o do professor de Teologia com seus três títulos acadêmicos. Nós temos na Bíblia uma miríade de imagens de Deus.

Frankl: Ou, como diz Jaspers: A própria comparação ainda é uma comparação.

Lapide: Eu creio que ele pensa o mesmo que os rabinos, que aqui dizem: O grande número de imagens de Deus contidas na Bíblia nos preserva da idolatria de Deus. Porque assim como a mãe tem inúmeros nomes para seu filho pequenino, como os amantes sempre se imaginam novos nomes, o judeu fala de Deus na Bíblia com três, quatro, cinco dúzias de nomes. Ele se refere ao indizível, ele sabe muito bem que nenhuma de suas palavras pode apreender Deus, mas ele não pode evitar balbuciar, gaguejar, ou falar sobre Deus, senão ele não seria um ser humano. As imagens de Deus são então no fundo secundárias, tão logo a gente se torna consciente de que elas são apenas imagens do que não se traduz em imagens, um auxílio de linguagem, uma muleta para nosso intelecto e para nossa desajeitada linguagem humana. Assim que nos tornamos conscientes disto e não elevamos a imagem a Deus, estamos livres da idolatria e servimos a Deus. Porque este Deus não deseja ser homenageado, nem honrado e muito menos ser adorado. Aquilo que Ele no fundo deseja é que a gente faça a sua vontade. Mas se isto se dá por meio de homenagens e cantos de louvor, Ele de fato não é servido. Mas eu não posso deixar de citar Buber mais uma vez, que diz: "Eu não sei se muitos ateus não servem melhor a Deus do que inúmeros altos rabinos, cardeais e bispos".

Frankl: Isto falaria por esta relação de inclusão, que pode ser uma contradição.

Lapide: Não é que o ceticismo não tenha seu lugar útil na ordem mundial! Seu papel nos desígnios de Deus não pode ser ignorado. "Por que Deus criou o ateísmo?", assim perguntou um dia um de seus discípulos ao Rabino Mosche Leib Von Sassow, um dos luminares do chassidismo. E ele respondeu: "Para que você não deixe o pedinte morrer de fome, para consolá-lo com o mundo que virá ou para persuadi-lo a confiar em Deus, que o ajudará – em vez de enfiar a mão em teu próprio bolso, para ajudá-lo aqui e agora a fazer uma refeição. Você deve salvar e auxiliar, como se não existisse nenhum Deus, mas somente um, que é capaz de ajudar: você sozinho!"

Neste sentido, a solução dupla do Talmude diz:

> Aja, como se tudo dependesse de você,
> e ore, como se tudo dependesse de Deus.

Agora os dois juntos: Preceito e oração, o ato do crente e o coração suplicante, eles satisfazem à ética da Bíblia.

Frankl: O senhor sempre traz as coisas de uma maneira nova. Veja, em primeiro lugar: Deus não dá nenhum valor a ser adorado, se eu lhe entendi bem. Isto é para mim pessoalmente aquilo que irrita, no entanto eu tenho de admitir, também nos rabinos, mas principalmente nos católicos, e talvez ainda mais nos protestantes. Creia apenas, e você verá que será perdoado, será salvo etc. Porém, a gente não pode impor nenhuma crença. Ou alguma coisa é acreditável, e então eu acredito nela, ou não é crível, e então eu não a aceito, e muito menos por causa de alguma vantagem. Eu também não posso obrigar o amor, se alguém não é atraente ou amável. E eu também não posso determinar a esperança contra todas as esperanças.

Isto é um tiro de alerta diante de sua proa, senhor professor. Porque nós queremos conversar primeiro sobre a esperança. Não é possível ordenar que se tenha esperança, mas a esperança precisa existir em uma dimensão mais alta – isto eu digo agora pela primeira vez, improvisando –, apesar da falta de perspectiva no outro nível. A esperança só se torna esperança então quando o moribundo sabe que ele morrerá. E quem não sabe isto enquanto vivente? E apesar disto ele não desiste de sua fé, de alguma maneira tudo estará em ordem, ou chegará à ordem, será trazido à ordem de um jeito ou de outro, por este ou por aquele. Neste sentido ele espera, apesar de tudo. Toda esperança verdadeira é uma esperança, apesar, e nunca uma esperança privilegiada.

Agora, eu muito menos posso imaginar que o Senhor Deus seja alguém, que dê grande valor a ser reverenciado ou acreditado por uma grande quantidade de homens de uma respectiva confissão etc.

Aquilo que o senhor defende aqui me parece ser um pragmatismo refinado, extraordinário, um pragmatismo nada insignificante. Eu gostaria somente de completar e esclarecer, por exemplo, com a camponesa. A agricultora, da qual o senhor não pôde exigir nenhum conhecimento de seu flagrante antropomorfismo. Ela deve continuar com seu antropomorfismo. Ela deve continuar a orar a Deus, como se Ele fosse o barbudo, o pai de cabelos brancos. Mas a condição para isto é acreditar realmente, mesmo que ela talvez não veja o Deus verdadeiro. E esta veracidade ela testemunha ao traduzi-la em ações. Se me é permitido citar aqui o Novo Testamento: "Em seus frutos devereis reconhecê-la".

Lapide: Nada poderia ser mais judeu do que este adágio de Jesus. O mesmo é dito na Carta de Jacó no Novo Testamento: "Uma crença sem atos está morta". Mais esclarecedor do que isto é impossível. A fé como a coisa mais essencial não é nada, a fé como mola propulsora para agir é tudo. A fé deve conduzir às ações. Uma crença, que apenas resulta em juntar as mãos e se ajoelhar, talvez ofereça segurança. Pela vontade de Deus, assim como nós entendemos a crença, não é o bastante. No entanto, o propósito de Deus é o bem e a salvação deste mundo.

Frankl: Sim, segurança, isto seria mais uma vez uma traição à autotranscendência; porque então eu faria algo apenas para o meu equilíbrio psíquico. Eu estou convencido de que os santos jamais tiveram a intenção de se tornarem santos. Porque então eles teriam decaído nas ações dos fariseus. Então eles queriam apenas ter uma consciência tranquila. Isto seria um lastimável pragmatismo, isto seria por outro lado perda da autotranscendência, isto seria uma consciência tranquila, que é o melhor travesseiro de repouso, um substituto ou equivalente para um travesseiro de dormir. Não: O homem, que age de maneira correta, tem *per efectum* uma consciência tranquila, mas se ele a quisesse ter *per intentionem*, então ele não poderia tê-la de modo algum. Onde ele deve ter um motivo para ter uma consciência tranquila, se ele age com respeito apenas para si, pelo seu próprio eu e pelo seu equilíbrio interior? Então na verdade ele não agiu absolutamente com respeito e não pode ter uma consciência tranquila!

Lapide: Talvez estejamos falando de teopragmatismo: Uma ação de Deus, que quer atos dos crentes, que não aconteçam por sua própria vontade, mas sim pela vontade do mundo, pela vontade do outro. Então o pragmatismo tem seu motivo, mas com a sílaba inicial "teo". Assim é quase impossível que seja uma coincidência que o verbo mais frequente no vocabulário de Jesus, a quem Buber chamava de "o judeu central", seja a palavrinha "agir". O substantivo mais frequente é "o Reino dos Céus". A associação é clara: A última palavra é a meta; a primeira é o caminho, o meio, para promover o reinado de Deus sobre a Terra.

Frankl: Mas não para granjear simpatias, ou um apologista.

Lapide: Nós falamos de acreditar. A Etimologia é aqui um bom guia para a Teologia. No idioma alemão a palavra *glauben* (acreditar, crer) de *geloben* (prometer) ou, como Buber costumava dizer, *sich angeloben* (se comprometer). Acreditar significa se casar com alguma coisa de corpo e alma. Acreditar, do latim *credere*, é uma derivação de *cor dare*, dar o coração, oferecer o coração. Acreditar em grego é *pisteuein*, e isto é intelectualmente degenerado, porque significa mais ou menos: ter alguma coisa como verdadeira, com a participação da mente e do coração. Em hebraico acreditar significa *hä-ämin*, e isto significa confiança absoluta, que é incondicional. Acreditar no sentido de "acreditar que" não existe absolutamente em hebraico. A palavra acreditar se associa no hebraico bíblico apenas com o objeto indireto: Eu acredito nele. Ponto. Não importa o que também possa acontecer. Aqui o senhor tem quatro variantes de acreditar ancoradas na Etimologia de quatro idiomas. Acreditar pode ser intelectual, pode ser um oferecer o coração, pode ser um se comprometer e pode ser uma confiança, que não conhece limites e por isto é inabalável como uma rocha. Tudo isto ressoa no vocábulo "acreditar".

Frankl: E de maneira concêntrica esta palavra se refere a algum ponto inicial, um centro.

Lapide: A fatalidade é que, em alemão, a palavra acreditar traz adicionada a ela a conotação negativa de não saber. Quando eu digo "eu creio que Deus é", sempre ecoa junto: mas eu não sei disto.

Frankl: Isto me leva a apresentar aqui minha definição de crença, e eu também gostaria de lhe revelar como cheguei até ela. Quando crianças, nós sempre ouvíamos na escola popular que acreditar significa não saber nada, e não saber de nada significa ser um burro. Ou seja, acreditar era colocado como uma variante negativa de um ato mental. Eu acredito que o correto seja exatamente o oposto. Eu não creio que o acreditar seja um pensar, um ato mental, reduzido pela realidade do que é pensado, mas, pelo contrário, crer é um pensamento multiplicado pela existência daquele que pensa. Ou seja, isto não denota exatamente que acreditar signifique não saber de nada. Pelo contrário, isto em realidade significa que o ato de crer depende de um ato existencial. Blaise Pascal exprimiu esta indecisão desta maneira: Eu nunca poderei saber se existe um sentido final, muita coisa fala fundamentalmente por uma ou por outra possibilidade. Ambas são possibilidades do pensar, nenhuma delas é uma necessidade do pensar, e isto significa, com outras palavras, que os dois pratos da balança podem estar na mesma altura, as duas opções são igualmente possíveis. Nesta situação, confrontado com esta situação, o homem tem de decidir a dizer um *fiat*, um amém, um assim seja, eu não sei, mas eu me decido por alguma coisa, como o senhor disse anteriormente, eu ajo assim, eu viverei assim, como se existisse um sentido final, eu viverei como se existisse um Deus. Em um dos pratos da balança eu coloco meu próprio ser, eu deixo minha existência falar, eu falo meu *fiat*, e assim seja, isto significa, eu agirei, como se. E com isto eu o faço verdadeiro, com isto eu me elevo a seu auxiliar.

Que o homem faça esta escolha não é nada mais do que uma pura regra lógica – pois não pode ser mais do que apenas uma pura regra lógica –, mas ele faz esta escolha do fundo de seu próprio ser. E a apreensão de uma das possibilidades do pensar é com isto ao mesmo tempo também mais do que a simples apreensão de uma possibilidade do pensar – é também a realização de uma simples possibilidade do pensar.

É como eu vivenciei um pouco antes de minha libertação de meu último campo de concentração com Gabriel Koch. Ele era um jovem húngaro estudante do Talmude. Um dia antes da libertação eu briguei com ele. E ele disse: Você verá, Deus te atenderá, Ele nos salvará etc. Com que direito eu posso admitir que Deus me atenderá, me libertará? Eu só posso dizer uma coisa, de uma coisa eu sei, que eu não mereceria isto, pelo menos não totalmente. E ele ficou me devendo a resposta. E então eu mesmo cheguei até ela: Eu preciso admitir para mim mesmo que eu não mereço ser salvo pela justiça divina. Mas eu também preciso admitir que Deus, mesmo sem ser justo comigo, de forma misericordiosa me presenteie a sobrevivência. Eu tenho que reconhecer isto ao mesmo tempo. Considerar Deus como uma máquina de justiça seria igual a uma blasfêmia. Eu não posso contar com isto, mas sim admitir fundamentalmente que seria possível que Ele permita que a misericórdia impere. Eu não posso excluir esta possibilidade, mas não posso contar com ela.

Lapide: O senhor definiria a si mesmo como um homem crente? Resumindo: sem entrar em casuísticas semânticas, o senhor acredita em Deus?

Frankl: Quem pode dizer que "acredita"? Eu não creio que possa dizer que eu acredito. Mas a este reconhecimento da relativa falta de importância do "credo" por Deus o senhor somente pode chegar, quando alguma vez tenha sido totalmente humano. Eu tenho isto na memória: Eu sei, onde o guarda SS estava de pé, em frente de qual alojamento... E lá no fundo de meu íntimo eu pensei na ocasião – já não sei mais com quais palavras: "Você viu isto, então, observe isto!" Este levantar de olhos indefeso...

Naquela ocasião eu falei comigo ou com Deus? Nenhum ser humano me escutava, alguma coisa se revoltava em mim de forma muito sincera, alguma coisa se indignava em mim: "Como isto é possível"? Eu estou desesperado; eu grito internamente – e para quem eu grito, para mim, para o Sr. Frankl, para o meu eu ou para Deus? Talvez eu também tenha dito naquela ocasião no campo de concentração: "Você viu isto, Senhor Deus?" Isto eu já não sei mais; mas não importa como o senhor o nomeie, se o senhor agora chama isto de Deus ou não, é uma questão secundária.

Lapide: A gente poderia dizer: Se não existisse o questionamento em todas as teologias, onde ficaria então a ousadia da verdadeira fé, que é o que há de mais humano em nossa espécie? O ser humano é em si mesmo uma coisa bastante má, uma cloaca, um macaco nu, um mamífero agressivo, que vem ao mundo com as dores do parto...

Frankl: ...Que nem mesmo tem inibições de agressividade como todo animal decente.

Lapide: Correto. Os animais são em muitas coisas "mais humanos" do que os bípedes, que começam com as dores do parto sua rápida carreira que se encerra com um último suspiro. E então o ser humano ainda tem a arrogância de se denominar *homo sapiens*, o sábio. O homem esquece, nós todos esquecemos, que nós no fim das contas não podemos pensar, sem ao mesmo tempo acreditar. E mesmo o cientista, que pensa de maneira totalmente laica, tem na base de sua construção de pensamentos um axioma que por fim não é examinável, que não se curva à lógica, que não se deixa comprovar e que não pode ser refutado. Já são suficientes as indicações de que os físicos ainda continuam a não ser aptos, para definir a vida, de que os astrônomos continuam a adivinhar a idade e o tamanho do universo e de que os psicólogos, como o senhor me disse, ainda continuam a não saber o que a esquizofrenia realmente é ou como ela de fato pode ser totalmente curada.

Frankl: Eles não sabem nem mesmo onde está o homem, para não falar de onde Deus está.

Lapide: Por que não abandonamos a arrogância de nos denominar *homo sapiens* e não nos chamamos *homo credens*? Porque, muito antes de saber e de construir nosso prédio de seis andares da chamada ciência, nós construímos essencialmente – se o senhor quiser assim – sobre a areia da crença, que pode se transformar em rocha, se esta crença permanece um não saber em vez de se transformar em uma confiança absoluta. A desventura é que a fé não é algo para todos, como diz Paulo. Alguns acreditam que podem sobreviver sem fé, mas isto também não é uma espécie de crença? Alguns precisam de um estímulo de cima, seja ele uma doença, um acidente, uma perda, que então os leva a refletir.

Mas um estímulo é de vez em quando totalmente salutar, para lembrar aos homens que a fé é mais velha do que o saber e que o saber de hoje não pode subsistir sem fé. A infelicidade é que em nossa situação atual é necessário muito, muito mais saber, para perceber de maneira socrática que nós sabemos pouco ou absolutamente nada. Em nossos dias é preciso remover tantos fragmentos de pequenos fatos para nos tornarmos corretamente conscientes de nossa *docta ignorância*, nossa "erudita falta de conhecimento" como Nicolau de Cusa a chama.

Frankl: Nós vemos as árvores dos fatos, mas não vemos a floresta da realidade.

Lapide: É isto! Porém, chegar até esta através de todos os computadores e fatos é uma necessidade vital para a humanização no fim do século XX.

Frankl: Foi exatamente isto que eu pensei anteriormente, quando eu falei que o aborrecimento para alguém que se tornou ateu ou para um contemporâneo que se julga ateu consiste em duas coisas: Por um lado nesta pequeneza dos teólogos que se apegam às letras mal-entendidas e, por outro, na megalomania dos cientistas, principalmente daqueles cientistas que se orientam unicamente no modelo das ciências naturais, fascinados por uma imagem das ciências naturais que hoje já está quebrada e esfarelada. Pense nos físicos que se afastam na Yoga, no Zen etc.

Mas veja, o que eu antes ainda queria dizer é isto: O senhor falou uma vez do discurso sobre Deus. Eu disse em uma discussão no ano de 1945, em um círculo de Quäkers, que eu de certa maneira duvido, que a gente em geral possa falar de Deus, e que algumas vezes tenho a suspeita de que a gente apenas possa falar a Deus, na segunda e não na terceira pessoa. Naquela ocasião eu disse espontaneamente: Quem esteve uma vez diante de uma sepultura, com uma enxada e uma pá em um campo de concentração, e nesta situação tenha orado, tenha falado a Deus, duvidará, se a gente no mesmo sentido e com a mesma intimidade alguma vez poderá falar de Deus.

E isto me dá a coragem de lhe dizer que eu, nos últimos anos, mais uma vez me aproximo daquilo que eu pensei com 14, talvez 15 anos. Eu tinha uma definição de Deus no sentido de que eu fazia o infinito finito, uma definição de Deus como parceiro de meus solilóquios mais íntimos. Quando um homem, mesmo o ateísta, tem monólogos muito íntimos consigo mesmo, e "íntimo" significa com absoluta sinceridade e com absoluta franqueza, ou seja, sem nenhuma consideração – quando nós realmente não enganamos a nós mesmos, então nós temos o direito de chamar de Deus quem ou aquilo a que nos dirigimos aqui. Porque eu estou convencido: Se Deus existe, então Ele não levará a mal quando alguém o confunde com o próprio eu e lhe dá um novo nome.

O ateu dirá simplesmente então que isto é ridículo, que isto é um solilóquio, que eu falo comigo mesmo. O psicanalista dirá que nós dialogamos com nosso superego. Um outro dirá que nós falamos com nossa consciência. E o homem religioso dirá simplesmente: eu falo com Deus.

Com outras palavras, o homem não religioso é alguém que aceita sua consciência em sua fatuidade, é aquele que deste fato como um simples imanente quase faz uma parada – faz antecipadamente uma parada, a gente poderia dizer, porque ele considera a consciência como a última instância, diante da qual ele deve se responsabilizar. A consciência não é, porém, a última *antes* do ser responsável; não é nenhuma ulterioridade, mas antes uma anterioridade. A consciência me diz *pelo que* eu sou responsável, e não *diante de quê*.

E eu acredito que isto não seja apenas uma realidade, mas sim uma entidade superpessoal, uma sobrepessoa, que no mínimo precisa ser uma pessoa. O que há de errado nisto?

Lapide: Pouco ou absolutamente nada. Eu completaria seu pensamento ao dizer simplesmente que Deus é a voz em mim, que me conclama a me tornar aquilo a que eu estou destinado a poder ser.

Frankl: Aquilo que aquele que está por detrás da voz planejou para mim.

Lapide: Para mim, quando Ele me trouxe ao mundo, quando Ele me trouxe ao mundo com o auxílio de meus pais. A voz, que me convoca a me tornar aquilo que eu

114

ainda não sou, mas que deveria ser, com outras palavras, como Buber disse tão bem: "Eu não estou absolutamente interessado na existência de Deus, mas muito interessado no 'ser você' de Deus, ou, como o senhor diz, e por que eu não deveria lhe citar aqui?" Em um de seus maravilhosos escritos sobre o campo de concentração o senhor disse: "Quando eu me transporto de volta ao tempo do campo de concentração e vejo como as pessoas apanharam até cair, desamparadas, inocentes, e pensei interiormente: Veja isto, veja o que os homens podem fazer, olhe para isto – sim, naquela ocasião eu falei comigo mesmo ou eu falei com Deus?" Foi o que o senhor escreveu, e eu me atrevo a responder: O senhor falou com Deus, com aquele que para o senhor é o único aspecto experiencial – o interior, aquele que lhe sustenta no íntimo, que lhe dá a força, se eu posso dizer isto, de talvez sobreviver a este inferno. Mas neste terreno eu não me atrevo a entrar, porque não tive de passar por aquilo que lhe foi destinado. Se o senhor, que como um homem adulto sofreu o inferno do campo de concentração, ou, como a Bíblia diz, teve de beber o cálice do sofrimento até o fim e esteve em condições de sobreviver a isto sem ódio pela humanidade, então o senhor é a prova viva de Deus. Porque se a centelha que tremula em seu interior pode sobreviver incólume a tudo isto, e o senhor pode apesar disto continuar a acreditar na humanidade, então Dorothee Sölle e os chamados teólogos do "Deus está morto" não têm razão. Porque se em Auschwitz houve crença, então nós, aqueles como nós que vivemos depois de Auschiwtz, podemos continuar a acreditar com total segurança.

Frankl: Sim, eu lhe entendo muito bem, mas não posso lhe dar razão, porque eu não tenho o direito de lhe dar razão; aqui eu sou partido ou objeto, para dizer melhor.

Eu gostaria apenas de ainda observar alguma coisa em relação a toda esta problemática. Eu não sei se o senhor conhece a velha piada, eu não sei o quanto ela é velha. O professor na escola conta às crianças sobre as ações milagrosas de Deus e diz: Havia um homem velho, cuja mulher morrera há pouco, e que possuía uma criança, uma criança pequena, e ele não tinha dinheiro para pagar uma ama de leite. Então o Senhor Deus permitiu que lhe crescessem seios e ele pôde amamentar. Ao ouvir isto o pequeno Moritz levanta-se e diz: "Mas que bobagem, desculpe-me, senhor, Deus poderia ter feito isto muito mais simples ao deixar que o homem encontrasse um envelope com mil schillings". A isto o professor reage muito colérico e diz: "Garoto bobo, se Deus pode fazer um milagre, ele não vai dar dinheiro!"

Com outras palavras: Ele aplica a Deus a calculação típica de um homem de negócios, e esquece que os motivos e pensamentos de Deus são mais altos do que as nuvens, do que o céu etc., mais do que o próprio sistema de coordenadas, ou seja, eles não podem mais ser localizados em termos de espaço ou ser medidos. E isto vai de encontro a várias coisas que sempre nos são servidas no sentido da Teodiceia.

No campo de concentração, assim como pode ser resumido em um exemplo de La Rochefoucauld, é demonstrado: O amor é como o fogo: a pequena chama é apagada pela tempestade, a grande é intensificada. E o mesmo ocorre aos amantes por meio da distância, o amor verdadeiro se torna cada vez maior, o pequeno amor se apaga. Eu emprego isto e digo, eu acredito poder dizer que a crença frágil foi extinta no campo de concentração, mas a crença forte, a verdadeira fé, podemos até mesmo dizer que ela apenas se tornou mais forte. A verdadeira fé se tornou mais forte, a fé enfraquecida foi extinta.

Lapide: Eu creio que o senhor vivenciou, meu caro Senhor Frankl, é um microcosmo de toda a história do judaísmo e do cristianismo.

Frankl: Eu naturalmente não posso aceitar algo assim e nem mesmo reivindicar isto, eu apenas posso dizer que eu cheguei lá com oitenta anos de vida. E há décadas eu disse que a maior possibilidade de preenchimento de sentido consiste paradoxalmente no sofrimento, facultativo, segundo a possibilidade, ou seja, não apenas apesar do sofrimento, mas no sofrer, através do sofrer. A regra de Haeckel afirma que a filogênese, compactando-se com a ontogênese, cria e reproduz.

Lapide: Ele pode ter razão, porque quando eu vejo o cristianismo e o judaísmo da distância absurda de três anos-luzes observo que as duas religiões nasceram do fracasso e que aprenderam com o sofrimento a ter esperança. O judaísmo surgiu na pobreza de nossos antepassados nômades, que não podiam chamar de seu nem mesmo um pedaço de pão, que erravam pelo deserto como beduínos, de penúria a penúria.

Fankl: Que não foram emigrantes ou imigrantes, mas antes migrantes.

Lapide: Migrantes sem moradia neste mundo e que acreditavam em uma promessa, que então com seus descendentes durante 400 anos como escravos e como trabalhadores não assalariados construíram as pirâmides, que hoje ainda são a principal atração para os turistas no Egito, que depois chegaram à Terra Prometida apenas para vivenciar uma longa corrente de expulsões, de exílios, de mortes em massa e de opressões, e que tiveram a força de como Münchhausen se puxar do pântano do próprio revés por meio do tufo da própria confiança – com a sólida confiança de que o futuro é a maior dimensão de Deus. E o que acontece com o cristianismo? Ele chega ao mundo por meio do fracasso total do pobre Rabino de Nazaré. Não é possível um fracasso maior. As pessoas riram dele, está no Evangelho de Marcos. Ele não pode realizar nenhum milagre em Nazaré, sua cidade natal. Sua família dizia claramente sobre ele: você perdeu a razão. O povo o chamava de comilão, beberrão e amigo das prostitutas, tudo isto são citações literais do Novo Testamento. E por fim Ele se acaba na cruz, como o pior dos criminosos. E deste fundamento de fracasso, que quase não poderia ser ainda mais humilhante, nasceu do útero judeu a crença na ressurreição, a crença no Reino dos Céus e a crença na salvação deste mundo doente. Se isto não for uma epopeia, um canto de louvor à esperança, que aprendeu a ter esperança no próprio fracasso e não apesar do fracasso, então eu não li corretamente a Bíblia. As semelhanças que unem as duas religiões são inúmeras e significativas, mas nenhuma delas atinge mais profundamente as raízes da Escritura do que este esperar-poder testado pelo sofrimento – mesmo contra toda a esperança e toda a racionalidade.

Mas o senhor sabe, Senhor Frankl, o que a gente não deveria mais fazer é falar de otimismo. Esta é uma palavra muito perigosa. Ela deseja expressar um valor absoluto, que é impensável sobre esta terra relativa. O melhor, o *optimum*, somente Deus pode criar; ou isto é o *summum bonum*, do qual o senhor falou como sinônimo de Deus. Talvez devêssemos principalmente depois de Auschwitz falar de *meliorismus*, nossa capacidade e nossa necessidade de melhorar o mundo, mesmo que seja apenas por dois pequenos milímetros. Isto seria em primeiro lugar mais modesto, em segundo realizável, e em terceiro seria uma garantia contra as decepções que todo otimismo por meio das ilusões e utopias precisa criar.

Frankl: No terceiro Congresso Mundial de Logoterapia no ano passado, na Universidade de Regensburg, eu apresentei uma palestra intitulada "Argumentos para um otimismo trágico". Lá eu disse que isto é um otimismo, apesar dos aspectos trágicos, apesar das trágicas tríades, que consistem no sofrimento, na culpa e na morte. Porque depende de nós transformar também estas coisas em algo positivo, transformar o sofrimento em triunfo, que a gente considere a morte como um estímulo à ação responsável e que cresçamos a partir da culpa; ao nos tornarmos diferentes nos enobreceremos. Ou seja, que a partir da morte realizemos atos responsáveis, que transformemos a culpa em mudança e o sofrimento em libertação interior. E então digo com outras palavras, "to make the best of it", *the best* no entanto significa ótimo. Assim, existe um otimismo apesar da tragédia, totalmente no sentido ao qual o senhor se refere.

Lapide: Quando o senhor fala da tríade e acentua o sofrimento, no fundo o senhor pensa naquilo que a Bíblia nos impõe, quando ela diz: Você deve amar o desconhecido como a si mesmo, porque você foi um desconhecido no Egito. Em sentido puramente lógico isto significa: Você foi tratado como o último cão e como a sujeira da rua, então trate os outros, assim que tenha se tornado independente, do mesmo jeito. No entanto, teologicamente isto significa: Você judeu teve de sofrer todas as torturas e dores nesta terra do Nilo, você sabe melhor do que ninguém o que o sofrimento significa e o que ele pode fazer a um homem. Por isto trate ao estranho como você jamais foi tratado, mas como gostaria de ser. Este é o trecho da Bíblia que concede um sentido ao sofrimento.

Frankl: Transforme o sofrimento em um desempenho.

Lapide: Assim é. Eu acredito que isto seja o que há de mais nobre no homem. Aqui a faísca divina se acende clara.

Frankl: Isto me dá uma deixa. O senhor diz que isto é o que há de mais nobre no homem. Até o momento nós não falamos muito bem da ciência. E agora eu preciso defendê-la, não apenas porque eu tenho um mestrado em Neurologia e Psiquiatria, ou seja, sou quase um cientista, mas também porque isto é para mim de absoluto interesse. Existem três possibilidades básicas para encontrar o sentido, criar valores: A primeira, quando eu faço alguma coisa, crio algo; a segunda quando vivencio alguma coisa, quando eu amo, ou seja, dou alguma coisa para o mundo ou tomo alguma coisa do mundo; mas a terceira, quando já não houver mais nenhuma, por assim dizer, quando eu não consigo mudar uma situação, então depende de mim modelar também isto de forma útil ao transformar particularmente o sofrimento em um desempenho.

Então são duas dimensões: horizontalmente a dimensão do *homo sapiens*, que existe entre o fracasso (negativo) e o sucesso (positivo), a dimensão dos chamados realizadores e bem-sucedidos, e verticalmente a ela está o completamento, a dimensão do *homo patiens*, que ainda pode se completar no sofrimento, no fracasso.

Com outras palavras: O homem bem-sucedido conhece apenas duas categorias, e em seu íntimo ele pensa: Sucesso e fracasso. Entre estes dois polos ele se movimenta sobre a linha da ética do sucesso. Diferente do *homo patiens*: suas categorias há muito não se chamam sucesso e insucesso; ao contrário ele se movimenta entre as categorias do completamento e do desespero. Com este par de categorias ele se coloca verticalmente na linha da ética do sucesso; porque o completamento e o desespero pertencem a uma outra dimensão diferente da dimensão do sucesso e do malogro. Estes pares se movimentam em eixos diferentes: sucesso e desespero são tão compatíveis como a realização e o fracasso.

121

E somente através desta outra dimensão do *homo patiens* o senhor pode entender que pessoas bem-sucedidas possam estar desesperadas quando não veem mais nenhum sentido e se suicidam. E que, por outro lado, pessoas fracassadas ainda possam se realizar ao ver um sentido através disto. E esta dimensão vertical – ortogonal como é chamada na Psicologia – pode ser comprovada por muitos, principalmente por Elisabeth Lukas, por meio da chamada análise fatorial. Estes valores estão em um ponto mais alto. Esta superioridade dimensional é comprovável estatística e experimentalmente, e a isto serve à ciência. Tudo isto pode ser comprovado estatisticamente. Se não fosse assim, e não teria nos últimos anos ou décadas jamais me atrevido a revelar estas minhas teorias na América orientada pelo behaviorismo. Não existe nada contra a ciência lá, onde ela tem lugar, lá onde ela pode verificar e validar alguma coisa.

Mais do que isto. A gente também pode apoiar conhecimentos pedagógico-religiosos para não dizer psicológico-religiosos. Por meio da estatística eu pude comprovar que pessoas, que eram incrédulas, não eram de modo algum dependentes de uma má imagem paterna, e que os crentes nem sempre tiveram uma boa imagem paterna. A conclusão foi exatamente contrária: Estas pessoas aprenderam a crer ou permaneceram crentes, apesar de seus pais lhes terem dado uma péssima imagem paterna. Estes são resultados estatísticos.

E o senhor pode até mesmo provar radiograficamente o Deus inconsciente. O senhor sabe como? Isto aconteceu em Israel. E eu agradeço isto ao Rabino Blumenthal, que já foi rabino principal na Baviera e é professor de Pedagogia em Jerusalém. Em fins da década de 1940 Blumenthal escreveu em uma revista de Jerusalém, como confirmação de minha teoria sobre o Deus inconsciente: Uma mulher procurou tratamento com espasmos no estômago e no intestino grosso. E estranhamente os espasmos só aconteciam quando ela comia carne de porco. Foram feitos testes de alergia ou qualquer outra coisa. Então ela foi radiografada e lhe foi dada carne de porco para comer. Logo após os espasmos surgiram. Então lhe foi dada carne kosher, e os espasmos não ocorreram. Então ela foi persuadida de que estava comendo carne de porco, muito embora fosse carne bovina, e ao contrário lhe foi dada carne de boi e lhe foi dito que era carne suína, e ela não teve espasmos quando comeu carne de porco, mas apenas quando acreditou que comia carne de porco. Com isto, eu disse, então é possível comprovar a religiosidade inconsciente por meio da radiografia.

Aqui se revela a religiosidade inconsciente do homem. Com isto se imagina que Deus sempre foi entendido por nós de forma inconsciente – que nós sempre tivemos, mesmo que inconscientemente uma relação intencional com Deus. E a este Deus nós chamamos de Deus inconsciente; isto se refere ao Deus inconsciente para nós. Neste sentido a fórmula do Deus inconsciente não diz que Deus em si mesmo, por si mesmo, seria inconsciente. Ela afirma, pelo contrário, que nossa relação com Ele pode ser inconsciente, particularmente reprimida, e desta maneira também oculta a nós mesmos.

Lapide: Que a religião e a religiosidade são fatores impulsores da história mundial, até mesmo os marxistas já entenderam. No entanto, com o próprio Deus eles ainda não se harmonizaram. Mas Ele tem paciência com eles. Uma coisa é certa: Deus tem muitos nomes, sucesso não é nenhum deles. Deus pode ter entre seus nomes o servo do sofrimento, o ter de sofrer, o representante do sofrimento, o sofrimento catártico, as punições de amor, mas o sucesso não é nenhum dos sinônimos de Deus.

Frankl: Isto seria apenas para os calvinistas, eu creio, com sua técnica de desempenho, que tornou o capitalismo possível. Max Weber já havia dito isto.

Lapide: Isto com o tempo saiu de moda, mas pode ter sido um fator para o crescimento da América, isto a gente não pode historicamente negar.

Com razão o senhor tomou a defesa da ciência. Uma crença, que não esteja preparada, a se colocar diante da ciência, corre o risco de se transformar em superstição. Porém, uma ciência que acredita poder subsistir totalmente sem a fé está a caminho do grande alienismo; porque também as ciências, como todas são chamadas por nós, descansam com ambos os pés sobre hipóteses da fé, que está além de toda comprovação. A crença e a ciência, que se antagonizam tão ridícula e tão inutilmente desde o tempo do Iluminismo, pertencem uma à outra. Entre os supercrentes, que veneram as palavras da Bíblia, e os descrentes, que acreditam apenas naquilo que podem tatear com seus dez dedos, entre estes dois extremos da procura humana da verdade deveria finalmente ser encontrada uma fórmula para a reconciliação. E ela não deveria ser tão difícil de encontrar. Os cientistas em conjunto pesquisam a matéria, a energia, aquilo que já existe em todas as suas formas de aparição e de efeito. A fé em oposição vem do doador de toda a vida. A ciência investiga a obra de Deus; a fé procura pelo próprio Deus. A ciência se ocupa do "tempo mundial" de toda cronologia humana pesquisável; a fé tem a ver com o tempo original e com o tempo final. Suas perguntas objetivam as primeiras e as últimas coisas, que estão fora da competência científica, que só pode englobar as "coisas medianas" de nosso mundo. O começo e o fim, a origem de todas as coisas e a sua consumação final continuam sempre na esfera única da religião.

A antena do intelecto, para com nossos cinco sentidos perceber sensatamente nosso mundo e nosso ambiente, e uma segunda antena, que amplia o horizonte da percepção muito além da área dos cinco sentidos, a antena da crença, deveriam ser ligadas ao mesmo tempo, e ambas deveriam operar na mesma onda de frequência para acabar finalmente com o limitado ou-ou e com a ajuda do cosmopolita não-só-como-também ajudar a nós seres humanos a uma busca da verdade sobre duas linhas.

Frankl: Eu ainda interpretaria estas duas linhas em um sentido muito específico, no sentido da visão estereoscópica. Cada um dos dois olhos vê as coisas de modo diferente. Mas exatamente diante desta diferença nós ganhamos uma grande dimensão, a dimensão do espaço: A visão espacial somente é possível por meio da divergência.

125

Lapide: Isto não seria o começo de um trabalho conjunto? Porque uma coisa é clara: As ciências psicológicas – se eu as posso unir – buscam a felicidade do homem, sua totalidade, sua cura; as religiões buscam a salvação do homem, muito embora em hebraico felicidade e salvação sejam a mesma palavra, porque o hebreu não é capaz de dividir o homem em um corpo e uma alma. Ele conhece apenas o conjunto, o homem total, de tal forma que sua felicidade é incondicionalmente dependente de sua salvação e no fundo as duas palavras exprimem a mesma coisa.

Frankl: Eu ainda preciso fazer alguns adendos. Em primeiro lugar o senhor disse que Deus tem muitos nomes. Neste contexto eu cito com prazer Gordon W. Allport, que no seu tempo citou como exemplo os antigos sistemas religiosos hindus: Nestes sistemas, cada um que é iniciado recebe de seu guru um nome secreto de Deus. Eu não sei se o senhor conhece este trabalho de Gordon W. Allport sobre religião. Allport diz, portanto, que apenas uma parte da verdade pode ser conhecida, somente uma ponta do Senhor Deus. Cada um recebe este nome secreto e não pode revelá-lo, ninguém pode revelar, que nome do aspecto de Deus lhe foi dado em segredo. De tal forma que afinal existe uma grande quantidade de confissões e religiões.

E então a gente pode perguntar se este pluralismo religioso algum dia será superado com o surgimento em seu lugar de um universalismo religioso. Mas eu não acredito em uma espécie religiosa de esperanto. Pelo contrário, parece-me que não estamos indo ao encontro de uma religiosidade universal, e que em oposição caminhamos para uma religiosidade profundamente pessoal, a partir da qual cada um encontrará sua linguagem, própria, pessoal, sua linguagem particular, quando se dirigir a Deus.

Continuando, o senhor falou de Jesus, de toda a humanidade e dos pontos fracos de sua existência. Isto me faz lembrar de Leo Baeck, que procurou comprovar em um livro quantas camadas haviam historicamente se sedimentado até que o Novo Testamento se tornasse o *Novo Testamento*. Se tudo que ele contém de A até Z são distorções, então é um milagre que, apesar de todas as distorções, o que surgiu foi o que ele queria. Se convier ao Senhor Deus, Ele se expressa também através de todas as distorções, e até mesmo nas distorções. E a verdade pode, em determinadas circunstâncias, existir também lá, onde foram realizadas distorções.

Então o senhor falou do eu e do tu, da prioridade do tu diante do eu, no que eu quero retroceder aos três valores, possibilidades de sentido, das quais falei, exatamente agora quando falei do sentido no sofrer. O sentido, a prioridade de valores consiste em que eu faça alguma coisa, que eu crie alguma coisa, que eu mude alguma coisa no mundo. Eu não posso dizer: "eu não faço nada", permanecer inativo, mas sim aceitar o sofrimento em mim. "Eu tenho câncer, mas eu não me deixarei operar", isto não existe.

Por isto, é claro, que uma regulação de valores neste sentido só se deixaria realizar se aquilo que o homem se coloca também seja realmente inevitável, que seja verdadeiramente irremediável. Seria uma contradição em si mesma se a gente se entregasse ao sofrimento, à tolerân-

127

cia de alguma coisa que não representa nenhum sofrimento necessário, e apesar disto veja nisto um desempenho. Isto seria masoquismo e não heroísmo. Primeiro, eu preciso então tentar modificar a situação de sofrimento ao suprimir a causa do sofrimento. Isto tem prioridade. Mas se não puder ser de outro modo, se o câncer se revelar como inoperável, se eu estou no campo de concentração e não posso fugir etc., então a mudança de atitude tem superioridade. Aqui a gente precisa diferençar entre prioridade e superioridade.

E então nós falamos do inconsciente e da prioridade do tu diante do eu. Uma vez, para dar à psicanálise mais razão do que eu poderia, eu disse que Freud ilustrou a grande obra de sua psicanálise por meio da drenagem do Lago Zuider: Onde havia inconsciente deve se tornar consciência. E eu completei, que de fato o inconsciente deve ser integrado ao consciente, mas, quando ele diz que o que era inconsciente deve se tornar consciente, eu tenho de adicionar que o eu só pode se tornar eu no outro. Ou seja, em resumo: A integração da estrutura de impulsos é por fim apenas possível na devoção amorosa pelo parceiro. É primeiro no amor que eles, no sentido hegeliano, são agrupados nas três perceptibilidades.

Lapide: Os gregos dizem isto com outras palavras, mas têm em mente a mesma verdade. Eles dizem que o homem é um *zoom politikon*, um animal social, que não pode existir sozinho. E os gregos chamam àquele, que é solitário, que somente se ocupa de si mesmo como *ta idia*, um idiota. Eu acredito que estes dois tipos de pessoas não possuem um mundo em comum. Por este motivo, o homem é, como Buber diz, um ser dialógico, que não consegue ser nada no monólogo, quanto mais uma pessoa. Um ser dialógico, que precisa do tu para se tornar eu. E me parece que Freud negligenciou isto.

Frankl: Eu também posso dizer por quê. Porque o diálogo só pode existir entre o eu e o tu. Porém, segundo a Teoria da Linguagem, a linguagem possui três dimensões. Primeiro ela é expressão, expressão do eu. Segundo, ela é apelo, um chamado ao tu. Terceiro, ela é a representação de uma relação de coisas, uma realidade. Com outras palavras, enquanto eu apenas dialogar, como acontece, por exemplo, nos grupos de encontro, enquanto este apenas for o caso, enquanto isto acontecer não existe aqui nenhum diálogo verdadeiro, mas sim um monólogo *à deux*. O verdadeiro diálogo somente ocorre quando eu, ao expressar a mim mesmo, não apenas me dirijo ao outro, mas também na conversa com ele falo de alguma coisa. E neste sentido isto tem muito a ver com o amor, como Saint Exupéry disse uma vez: O amor não significa olhar um para o outro boquiaberto, mas sim juntos olhar na mesma direção. Com isto o triângulo está quase aberto. As direções do olhar se tornam paralelas, isto significa que elas vão à infinitude para somente se encontrar no infinito. Ou seja, com uma palavra a gente poderia dizer que os amantes verdadeiros não olham apenas um para o outro boquiabertos, mas sim que olham paralelamente no infinito, eles oram juntos. O amor é uma prece em conjunto, uma oração *à deux*, uma prece a dois.

Lapide: Eu gostaria aqui de observar uma coisa: Quando Immanuel Kant teve de responder às suas conhecidas três perguntas: O que nós podemos saber? O que devemos fazer? O que podemos esperar?, as três se resumiram para ele na pergunta fundamental: O que é o homem?

A Bíblia hebraica, que há muito mais tempo refletiu sobre esta questão, o chamou de *Adam*, porque ele e seus descendentes foram formados de um monte de *Adamah*, que significa terra, ou seja, um "homem da terra", como Buber o denominou, que recebeu o sopro da divindade. A imagem do homem não é utópica nem desesperançada. O primeiro terrestre, que teve um irmão, o golpeou mortalmente, e mesmo assim os descendentes de Adão, apesar do dilúvio, da construção da torre e da corrupção moral, foram promovidos a aliados de Deus.

"Quem é o homem para que te importes com ele?" (Sl 8,2). Esta pergunta que soa como desdém pelo ser humano foi feita por um anjo, e em resposta a ela o próprio Criador – na tradição judaica – se apresentou como advogado de sua criatura. Porque, como está escrito em uma lenda muito antiga: Deus criou no segundo dia a horda de anjos com seus impulsos naturais para o bem e sua incapacidade de pecar. No dia seguinte ele criou a fauna com seus desejos animais, no entanto Ele não se satisfez com nenhum dos dois. "Por isto eu quero fazer o homem", disse o Senhor do Mundo, "como anjo animal, e lhe dar minha semelhança, para que possa livremente escolher entre o bem e o mal, entre a blasfêmia e a bênção. E assim ele está diante de nós: um pacote de contradições de carne e sangue; imagem de Deus e monte de terra; parceiro de Deus e seu antagonista; preso à terra e desejando o céu; construtor de câmeras de gás e sua vítima, amante da paz e ao mesmo tempo condutor de guerras; um ponto de exclamação entre o acima e o abaixo, quando tudo vai bem; e um ponto de interrogação encurvado, quando o sofrimento que não poupa nenhum dos filhos de Adão se abate sobre ele. Friedrich Nietzsche disse uma vez: o ser humano precisa ser superado, e com isto ele afinal dá razão a Blaise Pascal, que afirma que o homem vai infinitamente além do homem. Os dois consideram o mesmo clichê rabínico, que diz: Deus criou todas as coisas, mas o homem Ele criou com esperança. Dito claramente: O homem não deve se contentar consigo mesmo e com seu mundo, como eles são; ele pode e deve enobrecer os dois. Mas para isso ele precisa da consideração de uma verdade bíblica que atinge muito mais fundo do que soa à primeira vista: "Não é bom que o homem esteja sozinho" (Gn 2,18).

Para sondá-la em toda sua profundeza de sentido, os mestres da Cabala questionam: Por que Deus criou o mundo? A resposta é: Por amor, porque o Senhor do Mundo também não queria ficar sozinho. Assim o amor tem origem divina, e amar significa imitar Deus – o objetivo mais alto da ética judaica. Porque somente o amor necessita da presença do outro, que é diferente de você e mesmo assim se assemelha a você no ser. É assim que nós seres humanos somos totalmente diferentes de Deus e, no entanto, portadores de sua semelhança. Daí se conclui: Se Deus criou o mundo por amor, e o amor encerra o último sentido da realidade, então a verdadeira identidade só pode ser encontrada no próximo; então Deus não pode ser experimentado no ser e tampouco no ter, mas sim em partilhar e com-partilhar – e no anseio de um ao outro de todo poder do amor: da força de gravidade da Terra além da *unio mystica* de todos aqueles que procuram por Deus e até a fusão de partículas dos físicos atômicos – todas diferentes manifestações da mesma "chama divina", como ela se chama no Cântico de Salomão; uma inúmera quantidade de forças, que embaladas nós designamos amor. Uma vida completa não é nem a resposta da confrontação ou ainda a transformação do ódio-amor ou mesmo o fim da inimizade, mas sim verdadeiro encontro em uma verdadeira dualidade. Como o homem é um ser dialógico, que precisa de um tu, para poder amadurecer nele, crescer e se tornar ele mesmo, como é possível ensinar-lhe afetuosamente que ele nasceu para amar? Sim, que ele somente através do desvio para o outro pode amar melhor a si mesmo.

Frankl: Mas se disséssemos às pessoas: "Se amem, sejam gentis uns com os outros", isto seria a maior idiotice que nós poderíamos cometer, porque isto seria uma moralização do problema. Porém, quando as pessoas encaram as tarefas com as quais se confrontam, elas se tornam de repente cooperativas – não como ao obedecer a um comando, mas como consequência. Por este motivo eu não posso ordenar a ninguém: ama! Esta pessoa ficaria zangada. Pelo contrário, eu preciso parecer para ela amável ou pelo menos digno de amor, então ela também amará.

Da mesma forma eu não posso obrigar alguém a crer. Aqui, segundo minha opinião, está o grande erro das confissões individuais. É dito: "Você tem de acreditar! E se você não acreditar, você está condenado". Visto psicologicamente, isto é o pior que se pode fazer a uma pessoa. Ao invés de apresentar o Senhor Deus como digno de fé, eu alcanço exatamente o contrário. Este é um velho senhor engraçado, que dá valor, que exatamente eu acredite nele. E se eu não acreditar, então ele é mau, e por causa disso eu sou condenado. Se a gente coloca Deus assim desta forma pedante, então a gente põe diante dos olhos de uma pessoa – digamos de uma criança – a imagem divina do pior que lhe podemos fazer. Ele quer que eu deva acreditar? Por favor, eu acho – se com isto eu lhe puder fazer um favor... Mas isto não pode ser nenhuma fé verdadeira, porque a intencionalidade foi deixada de lado. Eu gostaria de demonstrar isto no exemplo do humor. Se eu lhe ordeno: "Sorria, por favor", então na melhor das hipóteses o senhor exibirá um sorriso artificial. Mas se eu lhe conto uma piada, então o senhor tem um motivo para rir. E isto é válido também em outros contextos. O homem é inteligente, na medida em que não se espelha a si mesmo, que não se orienta em si mesmo, mas em algo ou alguém no mundo, que se extrapola a si mesmo, em direção ao tu. Ser homem significa ser intencionalmente orientado a outro ser e a outra entidade. Mas no momento em que eu reflito isto, isto se solidifica. Sujeito significa, porém, ser orientado intencionalmente a objetos. No momento em que eu entendo alguma coisa subjetiva, eu a objetivo. E na mesma medida eu perco o próprio objeto da visão do subjetivo. Ou seja, a gente não pode entender estas coisas porque elas mesmas são intencionais. Para acreditar é preciso que haja credibilidade, para esperar é necessário que haja um motivo, e para ser amado alguém tem de ser amável ou digno de amor. A gente não pode determinar estas coisas.

Lapide: Se eu relacionar isto ao diálogo, eu diria: Um verdadeiro diálogo modifica os dois parceiros. De um diálogo autêntico ambos saem diferentes do que eram quando o iniciaram. Porque eles receberam uma porção do outro, a incorporaram, quer saibam disto ou não.

Voltemos ao sentido. O senhor fala, Sr. Frankl, com razão de sentido – o que o senhor disse do eu e do tu é uma coisa interessante dentro da Gramática. Todas as conjugações dos idiomas indo-germânicos se iniciam com eu, tu, ele. Eu vivo, tu vives, ele vive. Apenas o hebraico bíblico começa com a terceira pessoa. O tronco verbal do hebraico surge na terceira pessoa da conjugação. Isto significa que em hebraico eu conjugo: ele vive, eu vivo, tu vives. Ele é o primeiro. Em todas as línguas indo-germâmicas começa-se com o egoísmo e "Ele" é o terceiro. Ele, como o senhor sabe, em Buber é a paráfrase de Deus, é sempre o primeiro pronome pessoal na gramática hebraica. Eu encontro aqui também uma certa simbologia em relação à Teologia.

Frankl: Talvez não seja um milagre que os judeus tenham criado estes dois desempenhos. Quem, além do senhor, poderia descobrir se esta precedência linguística da autotranscendência de alguma maneira está associada com o trabalho do monoteísmo, com a vitória sobre o politeísmo? E com isto da idolatria! Isto é possível?

Lapide: Sim, é mesmo provável.

134

Frankl: Que este ele já não possa ser pensado no plural. E mais uma coisa. E a isto está naturalmente ligado o principal mandamento, a primeira e mais alta caracterização de Deus como o uno.

Lapide: Sr. Frankl, nós temos ambos, não somente Elohin, mas também Adonai. Os nomes mais pronunciados de Deus são *plurale tantum*. Nós temos o nome de Deus no plural, mas o conjugamos como atuante apenas no singular. Com isto nós realizamos os dois: As inúmeras formas de aparição e de atuação de Deus expressas no plural, mas é no singular que sua unicidade ou unidade geral encontra expressão.

A *unitas multiplex* de Tomás de Aquino seria em consequência também aceitável no pensamento judeu. Nós nunca limitamos Deus de alguma forma. Não se esqueça: A autorrevelação de Deus, que é um indicador para o judaísmo, está contida nas três palavras do espinheiro: "Eu serei como aquele que eu serei lá" o que diz três coisas em três palavras: Eu estarei lá significa a confiabilidade de Deus, ou seja, apenas eu e nenhum outro. Eu estarei lá, ou seja, nenhum de vocês pode prever de que forma vocês me encontrarão, seja em seu interior, ou seja, como fenômeno das leis do universo, o que para Einsten era uma renovação diária da revelação de Deus.

Frankl: ...como aquele que eu serei lá: não apenas vocês não podem saber, mas também vocês não podem saber em qual diversidade.

Lapide: Totalmente correto. Não só variedade como também forma de aparência. E por isto estas três palavras autorreveladoras de Deus são na verdade a única – se a gente pode dizer desta forma – definição de Deus, que o judeu crente se permite.

Frankl: Parece que Hitler também tentou isto, com três outras palavras, suas três palavras preferidas, que ele introduziu em alguns discursos, em algumas frases de seus discursos: "De um jeito ou de outro! Eu estarei lá, de um jeito ou de outro". E vocês nunca saberão como.

Lapide: Hitler queria afinal destronar Deus, para coroar a si mesmo senhor sobre a vida e a morte. A resposta dos céus foi a mesma que o Profeta Ezequiel deu ao megalomaníaco rei de Tiro: "Porque teu coração se eleva e fala: 'Eu sou Deus, enquanto você na verdade não passa de um homenzinho', por isto veja: 'Eu mandarei estranhos sobre você, eles devem desembainhar suas espadas e destruir toda a sua pompa. Eles te atirarão na tumba dos mortos, na qual você morrerá a morte de um vencido'" (Ez 28,2ss.). Como foi escrito em Jerusalém há 2.500 anos. O mesmo aconteceu em Berlim, em abril de 1945. Todos aqueles que se elevam à divindade, que querem ser absolutos, terminam como o último animal. Isto foi mais uma vez comprovado por Hitler como o último de uma longa cadeia de tiranos autodivinizados da humanidade. Eu espero que não haja necessidade de mais provas. Bastante educativa permanece a lição: Onde quer que o céu, por meio de ideologias seja destituído de Deus, lá por último também o homem será desumanizado.

Em alemão a palavra "sentido" (*Sinn*) soa muito estática para mim, muito colocada, porque uma coisa tem um sentido, muito antes de eu ter nascido e depois que eu morrer. Esta palavra parece ser um atributo que é inerente a uma coisa. Se eu, no entanto, li seus livros corretamente, então não haveria nada mais dinâmico do que esta busca constante do sentido ou do encontro do sentido. E principalmente porque no novo alemão culto esta palavra vem do alemão culto médio *sinan*, que significa "ir, viajar, desejar alguma coisa", eu me pergunto se aqui, na busca do sentido, de um modo puramente etimológico, duas coisas não seriam pensadas: No velho alemão culto, *sinan* vem de *sintha* (*sentno*), e isto significa "ir em uma direção", no que a direção é presumida como conhecida: em direção a uma meta. Enquanto *sinan* no alemão culto médio é ir e viajar, de onde vem a bela palavra "experienciar". A experiência é algo que a gente adquire por meio de longas viagens. Não seria aqui a busca do sentido ou o encontro do sentido da maneira como o senhor a entende talvez uma experiência consciente de direção? Uma experiência consciente de sentido, um seguir adiante, um processo dinâmico, que na verdade nunca se acaba, muito embora eu conheça a direção, mas não esteja de modo algum seguro de que conseguirei certamente alcançar a meta no fim deste caminho.

Frankl: Acontece que em meu pensamento surgem muitos conceitos de sentido, na linguagem total da Logoterapia. Em um momento o sentido é pensado como o sentido da vida, em dar um sentido à sua vida a partir do desejo de sentido, ou seja, preencher sua vida com sentido. Por outro lado, cada vez mais e principalmente na intenção terapêutica, o sentido é pensado como o sentido concreto de uma pessoa concreta, que se encontra em uma situação concreta, que é confrontada com ela. E este sentido é sempre alguma coisa única e singular: única no sentido de que ele só pode ser realizado agora, porque a situação se modifica continuamente, e a vida é uma corrente de situações que se passam rapidamente e com isto de possibilidades de sentido. As possibilidades de sentido são passageiras, as situações são passageiras. Por este motivo, o sentido, a concreta possibilidade de sentido, é alguma coisa única. E ela é alguma coisa singular, porque ela não só não é repetível, como também porque é incomparável. Ou seja: O sentido se modifica de hora em hora e de pessoa para pessoa. Continuamente. E esta incomensurabilidade engloba nossa responsabilidade. Por este motivo temos de realizá-lo.

Em nenhum outro lugar isto é expresso melhor do que em Hillel: Se eu não fizer isto, quem fará então? E se eu não fizer isto agora, quando deverei fazê-lo? Em primeiro lugar o senhor tem a singularidade da pessoa e em segundo a unicidade da situação. E em terceiro toda a autotranscendência. Se eu, por exemplo, realizar algo somente para mim, somente por causa do equilíbrio psicológico, se eu faço algo apenas para produzir a homeostasia, se eu fizer apenas para que eu vivencie um sentimento de desejo, tenha um orgasmo e uma embriaguez de poder etc., o que sou eu então? Na verdade não sou um homem, porque eu mesmo não me autotranscendo neste momento ou nesta escala. Então a gente praticamente sempre poderia, pelo menos em uma situação terapêutica, falar de um sentido particular. É claro que existe o sentido da vida, existe até mesmo o sentido do mundo. Mas não é dele que se fala a princípio. O sentido do mundo, do universo, é um mais-sentido, que não pode absolutamente ser entendido intelectualmente. O que nós precisamos aceitar não é, por isto, a falta de sentido da existência, como Camus e Sartre pregaram, mas sim nossa finitude, exatamente nossa incapacidade de compreender intelectual ou racionalmente o último sentido. Mas o sentido da vida também não é racionalmente compreensível. Os sentidos individuais se comportam como o sentido da vida, o sentido da vida inteira, assim como imagens individuais em um filme em relação ao filme inteiro. O filme tem sentido como um todo, mas ele só se nos mostra quando vemos as imagens em contexto. O sentido da vida somente se revela a nós quando nós estamos deitados no leito da morte. No melhor dos casos. Isto nada muda no fato de que o sentido da vida inteira jamais poderia existir se cada uma das imagens individuais em sua significância não se tivesse tornado clara para nós. Isto significa, se nós não preenchermos o sentido com a melhor das intenções *hic et nunc*, então pode ser colocado em dúvida se o sentido da vida inteira, pelo menos em sua totalidade potencial, algum dia possa suceder. Do ponto de vista da Logoterapia o "sentido" é em primeiro lugar este sentido particular, este sentido pensado no aqui e no agora, que o senhor também já tinha em mente em suas afirmações anteriores.

Lapide: Eu só queria amarrar aquilo que o senhor diz: quando eu digo que o sentido do indivíduo clama por ações. A verdadeira maneira do homem de lidar com Deus, que dá à nossa vida o motivo que a sustenta e seu objetivo planejado, não tem neste mundo simplesmente seu lugar, mas também seu objeto. Como eu vejo, Deus fala ao homem nas coisas e nos seres, que ele lhe envia em vida; o homem responde por meio de uma ação nestas mesmas coisas e seres. O senhor poderia imaginar um sentido que – quase automaticamente –, da parte do doador de sentido ou do descobridor de sentido, não exigisse ações, para realizar este sentido melhor ou plenamente?

Frankl: Um de meus pensamentos básicos importante, da maneira que eles surgiram no decorrer de décadas – estes pensamentos eu já tinha aos meus 15 anos de idade –, é a ideia de que na verdade a gente não deveria absolutamente questionar o sentido da vida, não poderíamos de modo algum indagar sobre ele. E isto pela simples razão de que nós na verdade deveríamos nos compreender, nossa existência inteira, nossa vida, como questionados. Nós somos aqueles que são perguntados, é a vida que nos coloca questões. É a vida que nos coloca diante dos questionamentos da vida, aos quais temos de responder. E esta resposta é uma resposta responsável. Ou seja, nós respondemos à pergunta pelo sentido da vida, ao responsabilizarmos nossa vida, e nós não podemos responsabilizá-la em palavras, mas somente em ações. Foi assim que eu formulei isto naquela época. A partir daí o senhor pode reconhecer o quanto eu posso concordar substancialmente consigo. Esta primazia da ação eu expressei naquela época com uma citação de Rudolf Eucken, um filósofo que na década de 1920 foi muito conhecido, aquele que fala de uma ação axiomática, ou seja, do axioma, da afirmação, por assim dizer, da tese fundamental de que nós aparentemente não podemos colocar de forma cognitiva, teorética, não pragmática, mas que consiste em uma ação, que realizamos. O axioma é então, como o senhor já havia dito antes corretamente, aquilo sem o qual a ciência não subsiste. Eu acredito que dentro deste contexto houve um *lapsus linguae*, quando Aristóteles ou os aristotélicos denominaram o livro que surgiu depois da Física de "Metafísica". A Metafísica não é posterior à Física, mas sim anterior à Física. Sem este axioma a Física não chegaria muito longe.

De volta à unicidade do sentido e à pergunta sobre a precedência da ação: Se a possibilidade do sentido não fosse única, se ela se repetisse, e se nós não fôssemos singulares, se nós fôssemos substituíveis, então quase não teríamos mais responsabilidade.

Porque a singularidade de nossa pessoa, envolvida e engajada na unicidade da situação, com a qual nos defrontamos, na qual estamos, cria uma responsabilidade dupla do homem – pelo que ele faz, aqui e agora – e às vezes somente pode fazer aqui e agora –, e pelo que seremos no próximo instante.

Lapide: Totalmente correto. Ou seja, o sentido clama por ação e é na verdade um irmão gêmeo da esperança. O sentido do indivíduo se eleva além da entidade e olha em direção ao dever se tornar, a alguma coisa futura. É exatamente isto que a esperança faz. A esperança não vê a realidade em suas três dimensões atuais, mas antes lhe adiciona a quarta dimensão do futuro. Se eu dou um sentido ao meu sofrimento, ao meu destino, que eu no início quero renegar, contra o qual eu grito e com o qual eu lentamente faço as pazes, depois de uma longa luta interna, então eu dou a alguma coisa um sentido que antes não existia, ao fortalecê-la através de uma ação que dá a este sofrimento, a este acontecimento ou a este destino um futuro que lhe concede uma quarta dimensão. E a ação está irmanada com o futuro, porque toda ação busca um resultado, um resultado que ainda não aconteceu. Eu não posso fazer isto sem acreditar no futuro, porque a ação precisa do amadurecimento para chegar a resultados. Então a doação de sentido contém duas coisas, se eu entendo bem isto, ou a doação de sentido está plantada sobre dois pilares: ela clama por ações e ela acredita no futuro.

Frankl: Sim, agora, no entanto, neste contexto o senhor falou claramente do sentido do sofrer, quase primorosamente do sentido do sofrimento. E sobre isto eu só posso dizer uma coisa: Eu falei que nós temos, tanto quanto possível, de manter a prioridade da ação, que nós temos de tentar eliminar as causas do sofrimento: através de uma operação, de uma terapia, da política etc. E então, quando já não restar mais nada, temos de aceitar o sofrimento.

E neste contexto o senhor precisa admitir que eu tenho de observar uma ação, que acontece em mim, o que significa: Eu tenho de me transformar, eu preciso mudar minha atitude totalmente no sentido em que Yehuda Bacon diz. Que Auschwitz, o sofrimento em Auschwitz, teve um sentido, se você transforma a si mesmo.

Lapide: E isto ele comprovou certamente, ao pintar dúzias de quadros sobre o sofrimento da alma, que hoje estão pendurados em todas as galerias da Europa. Ou Elie Wiesel, que com doze livros quase realizou uma autoterapia do trauma de Auschwitz. Mas as ações são para ambos – para Yehuda Bacon a pintura, para Elie Wiesel a escrita – uma terapia, que através das ações, que indicam o futuro, superou traumas.

Frankl: Se o senhor admite que este agir no sentido de um crescimento e amadurecimento e através do se tornar outro consiste em uma mudança de postura, se é assim, então a gente poderia dizer que o sentido do sofrer pode consistir – para permanecer em sua categoria do agir – em que eu faça alguma coisa em mim, que eu me transforme, que eu mude: uma ação em mim mesmo, e não no mundo lá fora.

Lapide: Totalmente correto. Assim como ouvir uma sinfonia de Beethoven não é um processo passivo da percepção, mas sim um processo muito ativo da recepção e da digestão de impressões acústicas, uma reprodução pode ser que – como os médicos comprovaram – queime mais calorias do que três horas cortando lenha. A superação do sofrimento também ocorre através de um trabalho ativo em mim mesmo, um agir no sentido criador da palavra. Assim o trabalho de um sofredor em si mesmo, o trabalho de acabar construtivamente com seu sofrimento, pode ser um "trabalho de luto", que se assemelha à sede de ação, que deve ser a consequência de uma doação de sentido, ou melhor, a mãe do encontro do sentido que ocorre mais tarde. E isto me faz lembrar de uma nota de rodapé, que eu encontrei em um de seus livros, na qual o senhor escreve: Em meu "Homo Patiens – Versuch einer Pathodizee" eu tomei a meu cargo a incumbência de responder à pergunta feita por Nietzsche "Para que sofrer?", ao explicar que depende de como alguém percebe o sofrimento que pesa sobre ele. É aqui, neste *como* do sofrimento, que está a resposta do *para que* do sofrimento. O grande Salmo de lamento da Liturgia judaica, com o qual Jesus em seus lábios morreu na cruz, *Eli, Eli lama sabachtani*.

Eloí, Eloí, lemá sabachtani? (Mc 15,34) – as palavras iniciais do Sl 22 – foram frequentemente traduzidas incorretamente em alemão e em grego. Em todas as traduções alemãs está escrito: Meu Deus, meu Deus, por que me abandonastes? A tradução hebraica diz ao contrário: Meu Deus, meu Deus, para que me abandonastes? E a diferença são dois anos-luz. Porque o "Por que tu me abandonaste" vem de uma dúvida em Deus, ela questiona Deus, ela se volta para trás, ao passado, à motivação, enquanto a pergunta como foi formulada há três mil anos em hebraico e como Jesus certamente sabia, olha para o futuro, não questiona Deus, mas sim lhe coloca a questão de que o sentido deste sofrimento com toda certeza é pressuposto, mas que gostaria de descobrir por que ele me foi imposto.

Frankl: Mas o desconhecimento, mesmo o desconhecimento básico, envolve nunca poder descobrir por mim mesmo, e por este motivo tenho de perguntar por que eu não sei, não posso saber, e somente posso descobrir a partir de ti, Deus. Por isto eu preciso perguntar.

Lapide: Com outras palavras: O Sl 22 não coloca a questão da Teodiceia, como pode ser lido erroneamente em dúzias de livros de Teologia, mas este verso, o Salmo da morte de Jesus e de outros numerosos judeus, coloca a questão da justificativa do sofrimento (*Pathodizee*), que aceita sem questionamentos a ação de Deus, Deus ser-você e o sentido superior de Deus, mas que deseja descobrir apenas uma parte desta grande totalidade de Deus, o sentido de meu sofrimento no conjunto do plano de salvação de Deus, antes que eu morra.

Frankl: Se eu lhe entendi corretamente, então a gente poderia dizer que se trata de uma pergunta dirigida a Deus, mas não de um questionamento de Deus.

Lapide: Exato! E a diferença é como preto e branco. Ela aceita não apenas Deus, mas também aceita as ações de Deus e minha própria incapacidade de entender, mas já que eu como instrumento de Deus tenho de perecer aqui sob agonias lastimáveis, eu peço a Deus que Ele pelo menos me conceda a misericórdia de saber que importância tem a pequena parte de meu sofrimento em seu plano...

Frankl: ...me permitir que alguma coisa se torne consciente – é exatamente isto o que eu antes assinalei rapidamente com minha tese em oposição a Camus e a Sartre, de que não nos é imposto aceitar esta falta de sentido da existência humana, mas sim de assumir nossa incapacidade de apreender esse sentido intelectual ou racionalmente. O sentido está entregue à nossa existencialidade, que coloca a si mesma no prato da balança do julgamento, que joga o dado da decisão, de dizer sim ou não. Isto é por sua vez um fato, uma coisa da ação, o *"fiat"* ou também o "Amém".

Lapide: Amém significa: Eu reforço as palavras de meu interlocutor anterior, eu digo que elas são sólidas e constantes, consistentes; eu não posso perceber isto com meus cinco sentidos, mas minha alma diz absolutamente sim a isto.

Frankl: Até lá já é um passo adiante, pois o *"fiat"* é "assim seja", enquanto o "amém" significa "assim é".

Lapide: Porque os hebreus têm uma compreensão do tempo diferente da dos indo-germânicos. Os indo-germânicos conhecem a forte divisão em três de todas as cronologias: passado, presente e futuro, que são estranhas ao espírito linguístico hebraico. O hebreu entende o tempo como um rio, que não conhece nenhum presente, mas apenas um fluir constante do passado para o futuro, tanto que também para os profetas de Israel é muito difícil determinar de forma puramente gramatical se eles falam de

146

uma passada salvação de Deus ou de uma promessa vindoura, porque o passado e o futuro são tão entrelaçados como em um rio que jamais para de correr. *Panta rhei*, tudo flui no espírito do tempo dos hebreus. Quando então o hebreu diz "amém", ele diz amém para o que hoje é e para o que amanhã será, o que para ele em sua fantasia ativa já se projeta no presente, muito embora este para os pragmáticos austeros ainda não tenha nascido.

O rio é isto: nunca parar. O dinâmico é isto, o hebreu não para nunca, ele é tão apaixonado pelo futuro, que o indizível nome de Deus, o Tetragrama, nada mais é do que uma forma verbal do futuro – um *será*, que mostra esperança e afirma o que ainda não é.

Frankl: Toda esta sincronicidade já mostra que isto por um lado significa: "Você viu minhas ações futuras antes que eu estivesse lá"; assim, Deus já possuía o futuro em suas mãos. Mas, por outro lado, nós vemos que tudo aquilo que nós fazemos, que nós vivenciamos e até mesmo que nós sofremos é um resgate no passado, de onde nada nem ninguém pode roubar alguma coisa. Aquilo que fizemos uma vez quando agarramos a única ocasião de preenchimento de sentido e compreendemos que nós fizemos isso de uma vez por todas, que nós o eternizamos, conseguimos isto no passado, onde o ato está preservado, guardado no sentido de preservação.

Eu sempre digo: nós vemos apenas o esvanecimento, o restolho da efemeridade, e ignoramos o celeiro cheio, no qual escondemos a colheita.

147

E agora em relação ao sofrer: Martin Heidegger sentou-se ali neste cômodo, durante três horas e meia, eu fui o único que ele quis ver, que ele quis visitar, quando esteve durante dois dias em Viena e apresentou uma palestra. Heidegger acreditou então que ele estaria de acordo com meu conceito de perenidade como a forma mais segura do ser e me escreveu alguma coisa abaixo da foto: O passado vai, o que houve chega. Aí eu disse a Heidegger: eu não conheço ninguém que tivesse pensado o mesmo que eu, isto é fantástico. Ele disse: Não, ele e Hegel haviam pensado o mesmo. Eu conheço ainda duas pessoas que pensaram a mesma coisa: O primeiro é Rilke, que disse uma vez em um poema: Porém, a única vez é imperecível... A segunda é um verso dos Salmos, onde está escrito: Todas as minhas andanças, todas as minhas perambulações sem rumo você guardou na memória e registrou em seus livros; as minhas lágrimas não estão em seu cântaro? Até os sofrimentos são preservados no passado. Tudo está preservado no Senhor. É isto que eu penso agora. Por um lado, Deus guardou as lágrimas do passado. E, por outro lado, acontece que Ele há muito já tinha o futuro em suas mãos, nos arquivos. Eu gostaria agora de lhe indicar meu livro *Der Wille zum Sinn* (A intenção do sentido), ele contém uma palestra sobre "Tempo e responsabilidade" que eu apresentei diante de Karl Rahner na sua época, eu acho que foi em 1947, em Innsbruck. E a partir dela eu desenvolvi esta teoria do tempo, esta teoria do passado.

Lapide: Mas a compreensão judia do pensamento cíclico da liturgia conduz à ponte entre o passado e o futuro.

Frankl: Eu já queria ter dito antes, mas o rio, do qual o senhor falou, eu imaginei, que ele corre em círculo, cíclico.

Lapide: Exatamente. O pensamento cíclico do ano da Sinagoga faz presente para sempre os acontecimentos centrais do povo judeu. O êxodo do Egito, que ocorreu há 3.200 anos, é vivenciado novamente a cada ano no Pessah-Seder por crianças de quatro e cinco anos, que não fazem a menor ideia de onde o Egito se localiza. Mas o que permanece, e é mais importante, é que Deus nos transformou de escravos a homens de cabeça erguida. Com outras palavras, eu corrigiria levemente o *dictum* de Heidegger: O passado vai, o acontecido chega, e isto se repete sempre, permanece, enquanto a gente viver e enquanto isto for doador de sentido e formador da vida como a experiência do êxodo, a experiência da vitória dos Macabeus, também as grandes destruições dos templos, que não podem ser apagadas da memória do povo, tudo isto se repete anualmente, de tal forma que não é apenas a *mater studosium*, mas também a mãe do presente eterno na memória de todo o povo.

Frankl: Aqui a gente tem mais uma vez uma temporalização da parábola espacial do farol de Max Scheler. Se nós olharmos para trás no passado, a gente pode derivar um curso mais ou menos correto para o futuro.

Lapide: Até que ponto o espacial e o temporal estão intimamente unidos, é comprovado pelo vocábulo *olam*, que em hebraico significa "o mundo" e também significa "a eternidade". Ou seja, quando o senhor lê os profetas, pode concluir apenas pelo contexto se eles se referem ao mundo ou à eternidade, do espaço inteiro ou do tempo inteiro, que juntos criam nossa imagem do mundo.

Frankl: Este é o cosmo de quatro dimensões segundo Albert Minkowski, um aluno de Einstein, que envolvia o espaço inteiro e todo o tempo em um único sistema.

Lapide: Sim, isto se aproxima ele. Mas para acentuar o cíclico: No judaísmo costuma-se dar aos enlutados, que permanecem sete dias no sofrimento, ovos para comer. Por quê? Porque o ovo é redondo e representa um símbolo da vida, de forma que o morto, que você perdeu ontem, e que você hoje pranteia, não foi embora para sempre, porque Deus criou a vida em um ciclo e o túmulo não precisa ser de modo algum o ponto-final.

Eu gostaria de lhe fazer uma pergunta pessoal: O senhor rezou no campo de concentração?

Frankl: Eu posso apenas perguntar de volta: E onde não?

Lapide: Certo, certo. Isto lhe deu forças?

Frankl: Isto eu não posso afirmar. Não que eu com isto queira dizer que não me deu nenhuma força. Eu quase gostaria de dizer que eu estava contente por ter a força para orar. Mas aquilo que eu em minha vida e pela minha vida me atreveria a chamar de rezar não é pensado de modo tão utilitário que eu pudesse dizer que alguma coisa assim me dê forças. Orar significa, para mim, ver as coisas muito como *sub specie aeternitatis*, ou seja, totalmente independente de mim; pelo contrário, orar é para mim uma bênção de ver as coisas em uma perspectiva, que as faça poder ter novamente um sentido apesar da horribilidade. E se eu me lembro de uma formulação: O homem é o ser que inventou a câmara de gás, mas também o ser que entrou nesta câmara com uma prece nos lábios, então eu preciso dizer o que este homem poderia solicitar, apelar, e pelo que ele poderia implorar? Absolutamente nada, pois o senhor sabe muito bem, o que um envenenamento por gás, até onde nós sabemos, ainda não foi interrompido no último momento. Mas isto foi a verdadeira prece, este *fiat*, este amém, este incondicional que nela se expressa.

Lapide: Este se humilhar, se o senhor preferir assim.

Frankl: Mas quando eu tento reconstruir, o que me passava pela mente, quando eu em algum momento rezei, então eu preciso dizer que sempre esteve distante de mim esperar, mesmo que fosse o mínimo. Eu não gostaria de dizer, de ter esperança; porque eliminar a esperança, considerar de antemão uma coisa como impossível, é uma ofensa à honra do Senhor Deus. Mas estava além das expectativas. Pela simples razão de que isto aconteceu na consciência, de que eu não poderia esperar de antemão, para não falar então de poder exigir alguma coisa, porque eu com certeza não a mereci, porque eu não seria digno dela. Mas isto é uma coisa totalmente diferente, é um solilóquio com um grande X, com o grande desconhecido em uma equação, com um desconhecido em extrema sinceridade, eu diria mais, em extrema solidão e sinceridade. Talvez sinceridade, porque é solitário porque não há ninguém lá que acredite ou não acredite em alguma coisa. Este solilóquio em extrema sinceridade e solidão, é então rezar, talvez não seja nem mesmo nenhuma esperança, mas uma preservação de minha crença em uma última significância independente de cada esperança ou desesperança. E na maioria das vezes isto acontece até mesmo em um momento em que acontece apesar da falta de esperança. Eu digo na maioria, porque também acontece – e eu vivencio isto assim, dizendo francamente e talvez seja assim com todas as pessoas – eu vivencio isto também nos momentos mais felizes; eu não sei se eu estou mais propenso a rezar em momentos felizes do que nos infelizes. Eu suspeito disto. A quem eu devo dizer o quanto eu me alegro, como é bom? A mim mesmo? A quem eu devo me queixar do insuportável? A mim mesmo?

Lapide: Aquilo que o senhor diz é, como todo discurso de Deus, um balbucio, que brota do mais íntimo do coração. Se fosse uma linguagem lapidada, teríamos de desconfiar. Mas a pergunta que se impõe aqui é a seguinte: Naquele tempo de profunda necessidade e de mais bela felicidade, aquilo que o senhor dizia eram suas próprias preces, ou chegava aos seus lábios trechos dos Salmos ou da liturgia judaica?

Frankl: Uma prece quase não precisa de um idioma. Assim como existem músicas sem palavras, também existem orações sem palavras, eu acredito. Mas uma prece também pode ser um suspiro, durar apenas segundos ou frações de segundos; quando eu inicio uma frase, eu não sei, o que eu direi, e eu consigo o apoio para isto apenas através do suporte, através da recaptura daquele "material", com o qual eu aprendi a orar. E eu aprendi a orar em hebraico, ou ainda mais cedo o "Eu estou cansado, vou descansar, fecho meus olhos" etc. Ainda antes de aprendermos o Ouve, Israel, nós – meu irmão e eu dormíamos no mesmo quarto – lembrávamos um ao outro, de que a gente ainda precisava rezar. E quando a luz era apagada, então ele me lembrava, ao dizer: "Orar", e então nós dizíamos juntos "Eu estou cansado" etc. E eu posso me lembrar, nós não podíamos absolutamente dizer "estou cansado, vou descansar" antes de dizermos primeiro a palavra "rezar". De tanto que isto é um reflexo enraizado.

O que eu quero dizer com isto? Para mim as religiões são linguagens confessionais. A partir de diferentes lados a gente se aproxima da verdade por meio de muitos idiomas. É melhor em geral falar a própria linguagem materna, na qual a gente cresceu, como sistema de comunicação, como sistema de símbolos. Assim, não é nenhum milagre que, quando o homem se aproxima mais facilmente de Deus, possa se aproximar no idioma em que ele aprendeu a orar. E assim também é possível entender que, se eu algum dia orei, ou fiz alguma coisa, que a gente poderia chamar verdadeiramente de rezar, que eu tenha feito isto em hebraico.

Lapide: O senhor tem na memória algum trecho, um trecho especial que lhe ocorria?

Frankl: Eu preciso primeiro contar uma história: A pequena fortaleza era um campo de concentração muito velho em oposição à grande fortaleza Theresienstadt, a gente foi "emprestada" para lá, existiam frentes de trabalho, e lá eu tinha de arar o campo. Eu não tinha a menor ideia de como fazer isto. Mas para lá foi deslocado também um verdadeiro bandido, do qual eu de algum modo me tornei amigo; nós gostávamos muito um do outro. Ele tentou salvar a situação e me cochichou: Veja como a gente faz para arar uma plantação de batatas. E o guarda da SS, que nos vigiava, apesar disto, logo percebeu então que eu, em minha vida, jamais trabalhara com um arado, e me perguntou: Diga-me, qual era a tua profissão? E segurou a coronha de sua arma de forma ameaçadora. Eu naquela ocasião já me havia tornado sábio bastante para não dizer que eu era médico e chefe do Departamento de Neurologia do Hospital Rotschild, então eu disse que era transportador de cadáveres no Hospital Rotschild. E então ele disse, arar você não pode, isto a gente vê, e me levou para um tratamento especial, do qual eu voltei após três horas com 20 ferimentos. E como eu fui torturado por ele. Eu precisava pegar um balde de água e carregá-lo até em cima de um grande monte de esterco, que era maior do que eu. Nenhuma gota d'água poderia ser desperdiçada, muito embora estivesse chovendo, e então ele me bateu algumas vezes porque algumas gotas caíram fora do lugar. Isto foi abstruso, mas isto era típico para campos de concentração em situações deste tipo. Eu ainda vejo como eu repetidas vezes tinha de correr até algum tanque, pegar água com uma pequena bacia e levá-la até lá, e ele, com seu cachimbo, sentado lá apenas a olhar, então eu me lembrei, então eu apenas dizia "Ouve, Israel". Meu pai naquela época ainda estava vivo, meu irmão também, assim eu ainda não conhecia a Kadish, que eu primeiro tive de aprender de cor, depois que meu pai morreu. Desde então eu rezo em hebraico e leio os Salmos em dadas situações, em determinados contextos, e eu leio desde a primeira noite no campo de concentração com interrupções, que em todo caso aconteceram por causa do campo de concentração, mas mesmo assim sempre leio algumas páginas nos Salmos. Às vezes é quase inquietante como a relação pode ser estabelecida, quando o senhor aprendeu a ler os Salmos a partir da situação. Lá se encontram referências ao dia, ao dia de amanhã, ao dia de hoje, ao de ontem, ao cotidiano, à vida cotidiana. E uma vez eu me deparei com uma oração sobre alguma coisa que tem relação com minha vida, não somente no dia, mas sobretudo com uma problemática atual.

Lapide: Eu o entendo tão bem, como entendi aquela reunião de dez rabinos em Auschwitz, que segundo a narrativa de Elie Wiesel se sentaram para julgar Deus e que disseram: Senhor do mundo, na Bíblia o Senhor proibiu

que a gente matasse em um mesmo dia a vaca e o no-
vilho, que matasse no mesmo dia o pássaro fêmea e o
filhote, porque um deles você tem de deixar vivo. Por que
você não aplica a Israel aquilo que você ordenou para os
pássaros, já que aqui pais e filhos são assassinados juntos todos os dias? E depois de três dias de julgamento,
eles declaram Deus culpado. Mas logo depois de declarar
a culpa eles disseram em harmonia: E agora oremos ao
Senhor do mundo! Isto é mais ou menos aquilo que suas
palavras emocionantes me fazem lembrar.

Frankl: Veja, esta é talvez a única maneira em que
eu posso expressar meu respeito pessoal pelo senhor. Ao
dizer-lhe coisas que eu ainda não havia dito antes, nem
nunca pensara, ao confiar no senhor. Porque o senhor
também precisa entender minha situação. A gente gostaria muito, e se torna fácil depreciar a Logoterapia, quando
se diz que isto é paradigma, que isto é ideologia pessoal,
que isto é religiosidade pessoal do Sr. Frankl, que não
é nenhum cientista; que ele gostaria de deixar a religião
entrar através da porta dos fundos, depois que nós nos
livramos finalmente dos clérigos etc. Agora, de certa maneira, também existe um pouco de verdade dentro disto. A
Logoterapia se mantém aberta à transantropológica – eu
não digo transpessoal de propósito – dimensão.

Talvez seja por isto que a religião para a Logoterapia
também ainda seja "apenas" um objeto, e nunca uma posição, mesmo que este objeto lhe seja muito importante,
e isto por uma simples razão: Em correspondência com

a Logoterapia a palavra logos significa mente, e, a partir daí, sentido. Por mente deve ser entendida a dimensão dos fenômenos humanos específicos, e em oposição ao reducionismo a Logoterapia se nega a se reduzir a algum tipo de fenômenos sub-humanos ou se deixar abstrair deles.

Ela não classifica como Freud a religião como uma obsessão da humanidade, o Senhor Deus como imagem paterna introjetada etc. Ela não faz isto. Porém, uma coisa ela fez. Ao levar a sério a religião como um fenômeno cem por cento humano, tão sério como também a sexualidade etc., ela durante anos, para não dizer durante décadas, hoje eu me atrevo a dizer isto pela primeira vez, apoiou a todos os pastores, padres e rabinos americanos. Como foi dito por um deles: Aí chega um psiquiatra com sotaque vienense e diz, de repente, que o homem busca pelo sentido e não originalmente pelo desejo; que o homem não consiste de libido e de conflito entre o superego, o ego e o inconsciente etc., que o homem não é um produto do ambiente e da bioquímica e sabe mais o quê. Ele diz coisas que na verdade são religiosas no sentido em que Einstein já teria dito uma vez, acreditar em um sentido da vida significa ser religioso. Como Wittgenstein disse, crer em Deus significa acreditar que a vida tem um sentido. Sim, com isto eu os apoiei.

Lapide: E para retornar a este sentido da vida: Eu não quero empregar aqui nenhum clichê, mas alguma vez durante os anos difíceis o senhor teve a sensação de ser um conduzido ou levado?

Frankl: Sempre *a posteriori*, gostaria de afirmar muito claramente. O mais tardar dez anos mais tarde a gente sabe realmente para que alguma coisa foi boa. Um exemplo pessoal, do qual eu me lembrei não tem muito tempo, por acaso. Quando eu soube que deveria partir agora, eu não sabia nada sobre Auschwitz, mas a gente sabia que isto seria o pior, que poderia acontecer a alguém, o lugar onde a gente seria levado depois de sair de Theresienstad. Eu não posso me lembrar de quando eu me senti tão livre e sorrindo interiormente alguma vez diante de uma situação como naquele dia. Eu arrumei minha bagagem, e então saí na Rua do Gueto, através das ruas de Theresienstad, e não tinha nenhuma ideia do que estava por vir, eu estava intimamente preparado, e trazia dentro de mim uma leveza que era inimaginável. Uma estranha alegria e leveza. Eu havia feito a minha parte. A mesma coisa aconteceu com meu pai após a terceira pneumonia; ele estava quase morto de fome, e eu o visitei na barraca; o edema pulmonar havia chegado, eu lhe dei um frasco de morfina, que eu havia trazido escondido para o acampamento, e com isto eu o poupei desta impossível agonia. Eu lhe perguntei se ele ainda tinha um desejo, se ele ainda tinha dor, se ele ainda tinha alguma coisa a me dizer, e então ainda permaneci alguns minutos sentado lá, até que a morfina fizesse efeito, fui embora e sabia que não o encontraria ainda vivo mais tarde e fui para uma outra barraca – um dos momentos mais felizes de minha vida. Eu fiz a minha parte, eu ficara em Viena por causa de meus pais e esperei até sua morte, e ainda lhe aliviei esta morte segundo estimativas médicas. A partir daquele momento eu tive a sensação, bem, agora eu tenho alguém lá em cima, bem infantil.

Lapide: O conceito católico da intercessão – por exemplo, Maria, a mãe de Deus, como intercessora dos crentes junto a Jesus, seu filho – retrocede a uma antiquíssima ideia judaica, que diz a mesma coisa: Que Abraão, Isaac e Jacó sejam nossos advogados no céu pelos nossos muitos pecados.

Frankl: Sim, eu não tinha nenhum conhecimento disto, mas foi um sentimento infantil extremo naquele momento. Eu amei este sentimento, eu o senti com prazer.

Lapide: Isto lhe foi legado por sessenta gerações de seus antepassados. Não se pode falar de infantilidade. A ideia de um intercessor no céu é quase tão antiga quanto o judaísmo, pois nossos antepassados já diziam, não nos perdoe por nós, porque nós não somos dignos. O que quer que você tenha nos dado é graça não merecida. Mas pense em nosso patriarca Abraão, que estava disposto a sacrificar seu filho por ti contra toda lógica, contra toda ciência eu gostaria de completar, apenas por causa de teu grande nome. Pense nele e nos perdoe, a nós pequenos homenzinhos todos os delitos que cometemos. Esta ideia é muito provavelmente não cerebral, mas quase intestinal que sabe Deus a quantas gerações de Maharais, talvez ainda antes do Maharal foi transmitida ao senhor. E esta, que o senhor chama de uma sensação de felicidade infantil, eu prefiro chamar de uma experiência antiga judaica de cumprimento da obrigação e uma segurança totalmente sem lógica, que nós na falta de uma palavra melhor podemos designar como confiar em Deus.

Frankl: É possível, mas eu não posso concordar, pois senão eu começo a dizer: se ele pode confiar em Deus, então ele não precisa de nenhum intercessor. Mas isto é infantilidade – no que eu com infantilidade não imagino, que simplesmente fosse apreciar isto; é algo muito mais antigo assim como em cada mito.

Diz-se que Deus é invisível. Uma vez alguém me disse isso; em resposta eu lhe perguntei, o senhor alguma vez já esteve em um palco? Ele disse, não, por quê? Eu lhe disse, em um palco o senhor não vê absolutamente nada da plateia. Lá, onde está a plateia, onde estão centenas de espectadores, lá o senhor vê um grande buraco negro. Mas o senhor sabe que representa diante de um público. E com o Senhor Deus é a mesma coisa. O grande espectador está sentado lá como em um camarote, o senhor não sabe onde, o senhor não pode vê-lo. Mas o senhor sabe que Ele está lá. Saber, diante de quem você se encontra, está acima da Torá. Assuma a responsabilidade da forma que o ator assume o seu papel.

Lapide: Deus é invisível e improvável. Admito! Porém, também a existência do amor, da esperança, da coragem e da nobreza da alma furta-se à fotografia, à ciência objetiva, à comprovação lógica – mas não à crença que muitas vezes auxilia conhecimentos muito mais profundos. As mais belas e as maiores coisas em nossa vida, assim parece, não se curvam à ditadura da racionalidade. Um amortecedor salutar para toda a nossa arrogância liliputiana!

Eu creio que isto deveria realmente ser o bastante para uma pessoa religiosa – religiosa no significado mais amplo de uma pessoa, que busca um sentido em sua vida –, porque um Deus provável não seria de modo algum o Deus de nossos pais. Ele seria um matemático ou uma fórmula ou uma ideologia.

Eu ainda quero acrescentar mais alguma coisa: A afirmação, eu acredito em Deus, o criador do céu e da terra, na verdade pertence às afirmações do tipo "eu creio que minha esposa é a mais bonita de todas as mulheres". Esta afirmação é axiomática, é uma afirmação *a priori*, e ela é suficiente para uma vida plena. Assim que eu tento comprová-la, começa a traição. Porque se eu quisesse fazer uma estatística, se minha mulher seria mais bonita ou mais feia do que as cinco mil mulheres de meu meio ambiente, então eu estimulo a dúvida, e ela deixa de ser a mais bonita para mim. Tão logo eu duvido deste Deus oculto, invisível e improvável e procuro por provas, eu terei enlouquecido e na verdade tento destronar Deus e colocar meu cérebro diminuto no trono vazio. Porque tão logo eu queira comprová-lo, meu cérebro é o último juiz e Deus precisa se curvar a ele. O que não se manifesta para mim, me diz então o "juízo da prostituta", como é chamado por Luther, não existe.

Frankl: Então eu idolatrei a razão...

Lapide: ...e destronou Deus. Isto significa que, enquanto eu deixo Deus ser Deus, Ele permanece no âmbito do fabuloso, do perceptível no melhor sentido, e isto não irracionalmente, mas eu diria pré-racional. Deus permanece então aquilo que está acima de meu cérebro humano. Eu diria que isto, para um *homo religiosus*, que não precisa se curvar a nenhuma ortodoxia, nem a algum dogmatismo, mas ao Senhor do Universo, deveria ser absolutamente suficiente. E aqui eu vejo um caminho para a reconciliação entre a ciência e a fé. Não na religião, mas na crença em Deus.

Frankl: Sim, é isto que eu pensava anteriormente, este imenso nada negro, este buraco grande, que a gente vê, onde o espectador escondido nos observa ininterruptamente a partir daquilo que nós completamos com símbolos das simbólicas necessidades originais do homem. E um introjeta isto, o outro projeta aquilo, mas este símbolo de que isto é apenas uma referência ao improvável permanece incandescente. O senhor pode provar que existiram dinossauros a partir dos vestígios, da fossilização, mas Deus não é um fóssil. O senhor não pode comprová-lo de forma mundana. E isto vai tão longe, que eu não compreendo a teleologia, sobre a qual eu insisti com Konrad Lorenz, como uma teleologia, mas agora de repente como uma teologia.

Agora eu cheguei finalmente à conclusão de que não é absolutamente tão inaceitável para uma pessoa com uma educação científica falar da criação, do Deus criador. Isto para mim sempre foi um aborrecimento, porque eu via na criação de antemão um único grande antropomorfismo. Eu venho de uma época em que as pessoas ainda viam o ceramista diante de si. Mas isto não é assim. A realização da criação no entendimento atual é aquilo, que não pode ser explicado por meio do acaso e de mutações no sentido de Jacques Monod, mas uma coisa que tem de vir de fora do sistema. Como Jaspers diz: O homem não deve sua existência a si mesmo. O homem é um presente da transcendência. É isto que ele é simplesmente, nem mais nem menos. Eu não escolhi meus pais, eu não determinei o momento de meu nascimento, eu não sei quando morrerei. Eu tenho de viver minha vida e chegar àquilo que este presente me deu. Chegar, eu não digo no futuro – porque a gente não leva toda a temporalidade para o túmulo, mas no momento nós estamos além do tempo, do passado, do futuro –, em todo caso eu tenho de assumir e viver de forma que eu possa me apresentar diante dele, sem mergulhar na vergonha. Isto é tudo que eu peço.

Lapide: Eu creio que isto seja suficiente. É bastante para uma vida crente, científica e responsável ao fim desse século XX. Eu quero, já que nós dois somos judeus, que conversaram sobre Deus, talvez concluir com um homem, que nós dois conhecemos, Papa Paulo VI.

Eu o encontrei entre os anos de 1956 e 1958 algumas vezes, quando ele era bispo em Milão e eu servia como cônsul, e uma vez ele me convidou para um jantar kosher.

Eu guardei suas palavras somente para mim. Mas como este papa já faleceu há muito tempo, eu me sinto livre para contar a história. Durante o jantar ele me disse duas coisas, que talvez sejam típicas para este grande e muitas vezes subestimado homem. Foi um pouco depois da Páscoa, na noite da Páscoa como se diz na liturgia católica: Que Deus queira *a dignitas populi hebraei*, conceder dignidade do povo judeu a todos os povos. Ele não estava seguro, se ele, o arcebispo de Milão, seria digno desta dignidade, mas obtê-la seria seu mais importante desejo. A segunda coisa que ele disse foi sobre seu passado no Vaticano, quando ele durante os anos da guerra era responsável sob as ordens de Pio XII pelos diferentes esforços criativos da Santa Sé. Ele disse que não estava em paz com o fato de não ter feito tanto, como gostaria, e segundo, que ele se sentia culpado pela responsabilidade dos cristãos no sofrimento judeu. Por este motivo, todos os anos, no nono dia do mês judaico Ab, no dia da destruição do templo, ele jejuaria, para pelo menos pagar simbolicamente um pouquinho de sua expiação pessoal. Ele me pediu para não contar isto a ninguém, o que até hoje eu não fiz. Existem, graças a Deus, e sempre existiram muitos, muitos cristãos reputados, e este papa foi apenas um deles.

Frankl: O senhor sabe por que isto me emociona? Porque meu irmão, antes de ser levado para Auschwitz e ter sido morto lá com sua esposa, escondeu-se durante muitos anos na Itália e foi preso pela polícia nazista depois de muitos anos. Até então ele viveu em uma aldeia italiana à custa do papa naquele tempo. Ele cuidou deles, e isto deve ter sido, conforme eu agora descubro, primeiramente pelas mãos do mais tarde Paulo VI. Eu sei até mesmo que meu irmão foi encarregado, pelo papa naquela época, ou seja, por Pio XII, de desenhar e escrever uma grande homenagem como agradecimento por ele tê-los protegido. Tudo isto aconteceu, como eu hoje descubro através do senhor, por meio da ação daquele que mais tarde se tornou Paulo VI.

É uma pena que nós não tivéssemos conhecimento disto, quando estivemos com Paulo VI em uma audiência. Porque décadas mais tarde minha esposa e eu estivemos em Roma; naquela época também vivia lá um jovem monge salesiano que trabalhou para mim – Eugenio Fizzotti, que hoje é professor na Universidade Salesiana. Uma vez eu recebi um telefonema, que indagava se eu estaria disposto a aceitar um convite para uma audiência particular com Paulo VI. É claro que eu aceitei. Também estava presente um intérprete, um monsenhor, mas Paulo VI nos cumprimentou em alemão. Então ele continuou em italiano; ele disse que me conhecia, que conhecia meus livros, a Logoterapia e a minha vida no campo de concentração etc. Então eu lhe disse – esta foi a primeira vez que eu reagi assim, porque desde então eu nunca havia tido a possibilidade nem a necessidade disto, e também não havia nenhum outro caminho de formular estes pensamentos de outra maneira – que ele veria apenas a positividade do que eu fiz, aquilo que eu teria alcançado, o que eu teria desempenhado, mas que o que ele dizia me faria sentir triste, porque neste momento eu tinha ainda

165

uma maior consciência daquilo que eu deveria fazer e não fiz. Eu disse a ele que ele deveria entender que alguém, que como eu esteve na rampa da estação ferroviária de Auschwitz – hoje faz exatamente 40 anos – justamente na metade da vida, e que então com a comprovada estatística de improbalidade de 1 para 29 de sair dali com vida – que alguém, que ainda pode viver décadas, pudesse escrever livros –, que uma pessoa assim tinha de se perguntar novamente todos os dias: Eu fui digno disto? Eu tive direito a isto? Que a gente, diante deste pano de fundo, se pergunta diariamente se foi digno disto, e tenta estar à altura desta responsabilidade.

A impressão que eu tive de Paulo VI foi a de um homem cujo rosto era marcado pelas noites insones, nas quais ele lutava com decisões que sua consciência lhe obrigava a tomar. Muito embora ele soubesse que elas tornavam impopular não apenas ele, mas também sua Igreja. Ele era marcado por uma humildade, que é inimaginável, que a gente não pode imaginar. Minha mulher ficou lá de pé e simplesmente chorou durante todo o tempo; ela estava comovida. E então nós nos despedimos. Ele deu um terço para minha esposa e para mim um medalhão. Quando nós nos retirávamos ele me chamou em alemão – pense nesta situação, o papa chama um neurologista judeu de Viena após o término de uma audiência falada quase totalmente em italiano e depois da despedida diz em alemão: Por favor, reze por mim! Literalmente. Inimaginável, incrível, se a gente não tivesse vivenciado isto, se não tivesse visto. Este era ele.

166

Lapide: Talvez eu deva para finalizar, para que não surja a impressão de que o papa era o único bom cristão, contar uma pequena anedota, que fecha a coisa. Eu fui, como disse, naquela época cônsul de Israel em Milão (1956/1958) quando a Itália festejou o décimo ano de sua libertação. Um dia eu recebi uma carta, assinada por 27 israelenses de diferentes origens e profissões, que tinha um denominador comum: Eles haviam passado 25 meses de suas vidas em um porão de um mosteiro franciscano e deviam sua sobrevivência a este fato. E então, dez anos mais tarde, eles querem voltar às próprias expensas para fazer uma visita de agradecimento às freiras. Eles me escreveram para que eu avisasse à mídia popular, os acompanhasse e emprestasse um caráter oficial a toda a visita. Naturalmente, dito – feito. Um dia um comboio desceu ao convento nesta pequena cidade. Uma construção maciça do século XIII. O senhor precisa imaginar isto, a pedra de cantaria, diante da porta estreita, estão 30 freiras vestidas de negro, em seu meio a madre superiora, uma senhora de mais de 70 anos, que vê mal, não ouve bem, e que é amparada por duas irmãs. Os discursos de agradecimento começaram e tudo mais, que o senhor pode imaginar. E depois que isto demorou duas horas, eu fui até a superiora e disse: Senhora, perdoe a agitação, mas o mundo já tem muitas notícias ruins; talvez as pessoas devessem ouvir de vez em quando alguma coisa boa. E por este motivo todas estas pessoas que tiram fotografias, fazem barulho e escrevem precisam estar aqui. Depois destas palavras ela disse uma frase que eu nunca mais esquecerei: Diga-me,

Sr. Cônsul, o senhor é comunista ou é fascista? Pela primeira vez em minha vida eu fiquei devendo uma resposta. Eu disse, senhora, há duas horas falamos do Sermão da Montanha, do amor ao próximo, da Terra Santa, de Jerusalém e da Bíblia, e a senhora me coloca uma pergunta destas? O rosto da velha senhora corou e, gaguejando, ela disse o seguinte: O senhor sabe, Sr. Cônsul, eu sou uma mulher velha, o senhor tem de ter um pouco de consideração. Mas no porão lá embaixo, que nós lhe mostramos – onde as freiras, a propósito, duas vezes assaram matzo em seu forno de hóstias, para que os judeus no porão não só pudessem viver, mas também pudessem festejar um Pessach –, no mesmo porão, distante apenas seiscentos metros do escritório da Gestapo, em 1942 nós escondemos comunistas, entre 1943 e 1945 judeus e de 1946 a 1947 fascistas. Agora eu estou um pouco confusa. Assim, graças a Deus, existe também este tipo de pessoas no mundo. Com outras palavras, para resumir: Nós falamos da tríade do sofrimento, da culpa e da morte, mas nós poderíamos como homens crentes talvez encerrar com a tríade do amor, da esperança e do sentido da vida, porque esta foi afinal a razão original, ou, para melhor dizer, o sentido de nossa conversa de hoje. O senhor concorda com isto?

Frankl: Sim, absolutamente.

Lapide: Então eu sugiro que nós encerremos juntos com uma oração, que é atribuída ao Rabino Leo Baeck – escrita no fim do ano de 1946 –, e que expressa como nenhuma outra a força da esperança, que nossa juventude não pode desaprender.

Que a paz esteja com os homens, que são maus, e que seja colocado um fim a toda vingança e a todo discurso sobre punição e castigo. Os atos de crueldade escarnecem todas as escalas; eles estão além de todas as fronteiras da força da compreensão humana, e os testemunhos de sangue são mesmo inúmeros. Por isto, oh Deus, não pese seu sofrimento com a balança da justiça, e o coloque como peso sobre seus executores, mas deixe que seja de outra forma.

Pelo contrário, dê um crédito aos executores, aos arrogantes e aos traidores e credite a eles toda a coragem e a força espiritual dos outros, sua modéstia, sua dignidade elevada, seus esforços silenciosos para tudo, a esperança, que nunca se dá por vencida e o sorriso corajoso, que deixa secar as lágrimas, e todas as vítimas, todo o amor, todos os corações dilacerados, torturados, que mesmo assim permaneceram fortes e sempre confiantes diante da morte e na morte. Tudo isto, oh meu Deus, deve contar para você para a remissão da culpa como dinheiro de resgate, contar para a ressurreição da justiça – tudo o que é bom deve contar e não o que é mau. E que na lembrança de nossos inimigos nós não sejamos mais suas vítimas, não mais seu íncubo e fantasma apavorante, pelo contrário, que sejamos seu auxílio, para que abandonem a ira...

Nós lhe pedimos apenas isto – e que nós, quando tudo tiver passado, possamos viver mais uma vez como homens entre homens e que volte a existir paz sobre esta pobre terra e sobre os homens de bem, e que a paz também recaia sobre os outros.

Frankl: Amém!

Conecte-se conosco:

f facebook.com/editoravozes

◉ @editoravozes

🐦 @editora_vozes

▶ youtube.com/editoravozes

◉ +55 24 2233-9033

www.vozes.com.br

Conheça nossas lojas:
www.livrariavozes.com.br

Belo Horizonte – Brasília – Campinas – Cuiabá – Curitiba
Fortaleza – Juiz de Fora – Petrópolis – Recife – São Paulo

  Vozes de Bolso

EDITORA VOZES LTDA.
Rua Frei Luís, 100 – Centro – Cep 25689-900 – Petrópolis, RJ
Tel.: (24) 2233-9000 – E-mail: vendas@vozes.com.br